U0048939

自願
被吃的豬
THE PIG
THAT WANTS TO BE EATEN

JULIAN BAGGINI

朱立安・巴吉尼

黃煜文———譯

And ninety-nine other thought experiments

目 錄
Contents

前言

　　缺乏理性的想像只是一種幻想，但是缺乏想像的理性卻又枯燥無味，這說明了科學家與哲學家為何總是運用想像的場景來改善觀念，使其臻於完美。「思想實驗」的用意其實就是，剝去真實生活的複雜外衣，直搗問題的本質核心。

　　真實生活的倫理困境，總是因偶發的特定脈絡因素而變得更複雜。以一般性議題為例，吃肉在道德上是不是錯的？你有買肉的機會，卻考慮到吃肉是不是錯的，這時，許多因素開始作用。有些動物是農場大量飼養的，有些受到細心照顧，還有一些是野外捕來的。有些飼養動物的土地原本是一片雨林，有些動物則在開闊牧場上自在享用牧草。有些肉品未經改良，有些經過基因改造，有些從世界的另一端運來。面對這麼多糾纏難解的因素，若要從中判定倫理對錯，就必須先一一釐清這些因素，才能做出衡量。

　　思想實驗之所以有益，是因為它就像科學實驗一樣，可以獨立檢視關鍵變數與特定要素，藉以瞭解這些變數與要素，以及光是變數與要素本身如何影響我們理解世界。如果要思考吃肉的倫

理意義，我們可以想像一些情境，在這些情境中，以特定關切的議題區分出兩種場景。如果擔心我們是如何對待農場動物，我們就想像善待動物與光是善待動物本身會造成什麼差異。想要仔細研究自己的意圖，我們可以提出這樣的問題：如果你用來做基輔雞這道菜所需的雞是死於意外，我的雞則是被故意扭斷脖子，而這兩隻雞死前所受的待遇完全一樣，這兩種情況是否有所差異。我們可以單純假定其他條件都相同，需要解決的問題就只剩下核心的道德問題。

思想實驗的好處，不僅在於它比真實生活更加經過編排，還在於它能實際協助我們思考那些無法在真實生活中測試的事物。有時，思想實驗會要求我們想像那些對於當下的我們或任何時代的任何人都是不切實際或不可能的事物。雖然這些思想實驗要求我們思考的事物有些荒誕，但它們的目的只有一個：讓我們的注意力集中在某個核心概念或問題上。我們只在意某個場景能不能幫助我們做到這一點，至於場景是否可能發生，則不在我們關心之列。思想實驗只是協助我們思考的工具，我們不需要它越俎代庖來描述真實的生活。

本書的一百個場景雖不敢說個個如此，但絕大多數都是從哲學家的論證啟發得來。有時哲學家的說法能顛覆我們視為理所當然的前提，並且為看似無解的難題提出解決之道。此外，若是能跟隨他們的思想軌跡，有時也能從無疑問處找出疑問。

本書既非參考用工具書，也非老問題的解答集；相反地，它是個誘導，能刺激你深入思考。每個場景之後都有評論，我可能會暗示一條走出迷宮的路，也可能扮起黑臉：任你自生自滅，憑

自己的力量逃出生天。

　　同樣地，文末的交互參照只是要讓你聯想，並不表示各個場景之間有緊密的因果關係。有時候，各個場景的連結相當清楚；有時候，連結本身只是要讓你從新的角度看問題。

　　本書提出了許多思考線索，這些思索不該因讀完本書而終止；相反地，它應該是個開始。

資料來源說明

　　思想實驗有一或兩個以上資料出處的，我會在介紹場景之後詳細列出。應該說明的是，雖然我描述的場景有時非常類似底下列出的資料來源，但大體上，兩者內容還是有所差異。因此，讀者應該將這些資料來源當成本書場景的啟發。

　　如果沒有寫出資料來源，通常是因為這些思想實驗是從熱烈討論中激發出來的，無法明確指出資料來源。這些實驗也不該視為我個人的創見。

　　有些場景的資料來源我不清楚，因此就不列出。未來本書再版時，我會將資料闕漏部分填補上去。

請戴好安全帽，讓人想破頭的問題來了！

朱立安・巴吉尼
JULIAN BAGGINI

1
欺騙我們的魔鬼

是否任何事情都是如此自明且無需懷疑？我們的人生是否只是一場夢，抑或這個世界只是我們想像出的虛構之物？這些想法聽起來怪異，但是並非不可想像，顯示外在世界的真實性可以被懷疑。

雖然如此，還是有一些觀念清楚而自明，人們幾乎不曾懷疑過它們的真實性。舉例來說，不管你是醒著還是入睡，二加二必定等於四。不管世界上——想像的世界也好，真實的世界也好——是否真有三角形，三角形一定有三個邊。

然而，如果上帝或某個擁有強大力量且心懷不軌的魔鬼欺騙了你呢？難道惡靈不會愚弄你，使你錯將虛妄當成真理？難道我們沒看過催眠師讓人從一數到十、中間獨漏了七卻毫不自覺？有人在夢中聽到鐘樓的鐘敲了四下，心裡卻想著：「好奇怪，鐘居然連敲四次一點鐘。」這個人是怎麼回事？

如果邪惡的魔鬼可能存在，還有什麼事不能懷疑？

資料來源：The first meditation from *Meditations* by René Descartes (1641)

哲學家習慣找出我們自認為已經瞭解的事物，並且提出各

16

種理由，讓我們懷疑這些再熟悉也不過的事物。自然法則、物質世界、上帝、善、他人的想法、正義、時間——哲學家總有理由懷疑這些事物。

要提出這類充滿懷疑論色彩的論證，哲學家必須運用某個他無法質疑的事物：他自己的理性思考能力。舉例來說，時間的真實性可以懷疑，因為傳統的時間概念存在著矛盾；這些矛盾違反了基本邏輯原理，如存在與不存在不可能同時出現。哲學家擁有認識矛盾的能力，因而能推論並證成自身的懷疑。

然而，如果我們一直被魔鬼蒙在鼓裡——最早提出這個可能的，是十七世紀法國哲學家笛卡兒——那麼，我們將基本邏輯原理奉為真理的想法就有可能是錯的。對我們來說，這些原理明顯而自明；同樣的道理，對於被催眠的人而言，六以後的數字是八也一樣明顯而自明。而對於陷入迷妄的做夢者來說，時鐘敲了四次一點鐘，同樣明顯而自明，只不過我們都「知道」時鐘實際上敲的是四點鐘。

騙人的魔鬼這種想法聽起來有點誇大，然而，即使沒有魔鬼，其他方式仍然會讓我們產生相同的懷疑。我們可能陷入瘋狂，瘋狂讓我們無法看清事實，使我們無法瞭解別人看世界的方式與我們有什麼不同。或許演化賦予我們的心智一套有著重人瑕疵的邏輯原理，或許我們將虛妄視為「明顯真實」反而更有助於生存，或許魔鬼就是我們DNA上的密碼。

這項思想實驗的特點在於，為了判斷實驗的合理性，我們必須仰賴某個事物，然而這個事物正是實驗本身質疑的事物：我們的完善推論能力。我們努力地思考，以判斷我們是否能完善地思

考。我們無法站在中立的角度來評估與判斷，因為我們無法將自身與思考能力區別開來，這就像使用一具不太精確的天平測量天平本身的重量，以測試其精確度。

　　或許這就是思想實驗的代價：我們的推論能力是所有嚴謹思考的前提。我們努力思考，懷疑推論是否健全，卻無法懷疑自己的推論能力是不是有瑕疵。我們最多只能說，這樣的推論能力對我們而言已經足夠；至於這樣的推論能力足以證成理性還是削弱理性，則不得而知。

會讓你想破同一片頭蓋骨的問題：

　19　美麗的謊言
　28　有夢最慘，惡夢相隨！
　51　活在桶子裡
　98　希望，快樂，做夢吧！

2
會殺人的傳送裝置

　　對斯特里歐來說，瞬間移動裝置是唯一的旅行方式。在此之前，從地球到火星需要幾個月的時間，擠在狹窄的太空船之內，安全堪虞。斯特里歐發明了瞬間移動裝置後，一切為之改觀。現在火星之旅只需幾分鐘的時間，而且到目前為止也百分之百安全。

　　然而，卻有不滿的旅客對斯特里歐提起法律訴訟，這個客人宣稱斯特里歐的公司殺了他。他的主張很簡單：瞬間移動裝置掃瞄並摧毀了大腦與身體細胞，然後傳送資料到火星，在當地重建大腦與身體。在外觀、感覺與思想上，被傳送到火星的人雖然跟之前在太空中快速移動並昏睡的人並無不同，原告卻還是主張自己實際上遭到謀殺，並且被複製人取代。

　　斯特里歐認為這種說法十分愚蠢，畢竟他自己利用瞬間移動裝置旅行已不下數十次，並不覺得自己死了。話說回來，原告怎會當真認為自己在傳送時被殺，他明明還活著上法院提起訴訟，不是嗎？

　　雖然如此，當斯特里歐再度走進瞬間移動裝置、準備按下分解自己的按鈕時，他突然有點懷疑自己是不是在自殺……

資料來源：Chapter 10 of *Reasons and Persons* by Derek Parfit (Oxford University Press, 1984)

　　我們是依靠什麼持續生存下去的？在正常狀況下，我們會說是身體的持續運作；但是，自從身體各部位都能用人造器官代替之後，這種說法也站不住腳了。是否應該改口說，我們的意識能持續多久，我們就能存在多久？如果有一天，所有人醒來後都不再認為他是我，我的記憶、計畫與人格也完全消失，那就表示我已經死了。

　　個人認同的「心理持續性」理論訴諸的對象是直覺。卡夫卡《變形記》的主人翁一覺醒來變成了甲蟲，我們會覺得這樣的故事還算合理，只是因為它反映了我們的基本直覺。我們可以毫不遲疑地承認主角「是」甲蟲，因為他的心智居住在蟲體之內；心理而非身體的連續性凸顯出，做為甲蟲的他跟過去做為人類的他沒有任何不同。

　　然而，在瞬間移動的例子中，雖然我們確實保有心理連續性，其完整性與日常生活並無不同，重組後的人卻是原物的複本，亦即複製人，乃是不爭的事實。複製人與被複製的人絕不是同一個人，除非用同一個模子鑄造出兩座外觀相同的鑄像，我們才可能說兩者一樣：不過，鑄像的外表細節雖然都一樣，卻還是分屬兩個不同的個體；就算毀掉其中一個，另一個還是毫髮無傷。

　　斯特里歐並不是不知道他的瞬間移動裝置的運轉原理，只是看不出機器不斷「複製」他這件事有多嚴重。對斯特里歐來說，真正要緊的是他走進瞬間移動裝置，醒來後已經在另一個星球上；至於身體如何分解重組，並不在他關心之列。

　　如果這些聽起來難以置信，請思考一下這樣的可能：幾年前的一個夜晚，你在熟睡中被綁架，經過瞬間移動裝置處理之後，

再將你放回床上，你完全沒有感覺到這整個過程。如果真的發生這種事，你根本不可能有辨別能力，因為你的意識所經歷的生命歷程就跟這件事未發生前的狀況一樣。就某個意義來說，瞬間移動裝置並沒有更動你的生活與世界，所有的事物都完好如初。

或許我們不該問斯特里歐是複製人還是「本尊」，而是應該問這種做法對我們過去與未來的存在有何影響。然而，無論如何，解決之道就是用各種必要手段保持心理的連續性。

會讓你想破同一片頭蓋骨的問題：

38　我只是大腦，不多也不少

46　再生人

65　我的前世今生

88　我是誰？

朱立安・巴吉尼
JULIAN BAGGINI

3
印度人不可語冰

　　印度婦女妲拉一輩子都生活在拉賈斯坦沙漠傑薩瑪附近的村子裡。一八二二年某日，妲拉正在煮晚餐，發現屋外鬧烘烘的。她往屋外一看，發現兩年前出外旅行的堂弟馬哈維爾回來了。馬哈維爾看起來精神奕奕，並且在晚餐上大談自己的冒險經歷。

　　馬哈維爾聊到土匪、野獸、崇山峻嶺以及其他不可思議的景色與探險，但是真正讓妲拉驚訝的，是他宣稱自己看到了一種叫「冰」的東西。

　　「我到了一個相當寒冷的地方，水停止流動，並且結成半透明的硬塊。」馬哈維爾說：「更令人驚訝的是，水變硬之後還會變厚，但是水中並沒有攙入任何東西。硬塊旁邊有水緩緩流動，不過沒有硬塊那麼冰冷。」

　　妲拉不願當著大家的面質疑馬哈維爾，但是並不相信他的說法。馬哈維爾說的東西完全不符妲拉的經驗。妲拉過去不相信旅人所說的噴火龍故事，現在她更不相信有「冰」這種無稽的東西。妲拉覺得自己還沒笨到這麼容易被騙。

資料來源：Chapter X 'On Miracles' from *An Essay Concerning Human Understanding* by David Hume (1748)

　　妲拉犯了很明顯的錯誤，她的判斷不可能是對的。我們知道馬哈維爾對冰的描述並非如噴火龍般出於想像，而是精確描述水在冰點時的變化。

　　然而，妲拉還是有正確之處。她的推論正確，只是結果錯誤。以快速致富術為例，許多使用電子郵件的人幾乎每天都會收到這類訊息，對方承諾，只要付出「小額」資本就能致富。這些郵件幾乎全屬詐騙，但是要一一確認每封郵件是否真是詐騙，又太浪費時間，唯一的合理做法就是完全不理會；然而，這麼做有可能錯過真正的致富機會，與財神擦身而過。當你判斷某封信件也許出自詐騙集團但實際並非如此時，儘管推論的結果錯誤，但是至少推論的過程正確。

　　同樣的觀點也可以放在妲拉身上。當別人告訴我們自然界如何運轉時，我們不該輕易相信。有人告訴我們，他們能飄浮在空中、用念力讓鐘錶停止走動，或是用水晶球治病時，我們有充分的理由懷疑。我們過去從未看過類似的現象，這些違背經驗的說法要不是缺乏有力的證據，就是一場騙局。我們不需一口咬定那些人是騙子，也許他們只是搞不清楚狀況，或是在推論時出了錯。

　　然而，真正的問題在於，放羊孩子謊稱的狼有時真的會出現，迫使我們不得不檢討原先的想法。不能只因眼前的觀念與我們的信仰不符就嗤之以鼻，我們需要更完善的推論才能駁斥某件事物；想要證明某件事物為真，必須推翻對方提出的反面推論。

　　這就是妲拉的問題所在。某人的證言──即便這個人是妲拉的堂弟──不足以推翻她所知的自然世界：液體並不會在某個不可思議的溫度下變成固體。雖然如此，妲拉也該體認自己從未去

過那麼寒冷的地方，而他的堂弟卻曾造訪過。妲拉的經驗有限，馬哈維爾的說法超越她的經驗，而妲拉可資判斷的只有馬哈維爾的一面之詞。妲拉不輕易相信經驗以外的說法是否過於畫地自限？還是避免在其他狀況下受騙而不得不付出的代價？這樣的代價值得嗎？

會讓你想破同一片頭蓋骨的問題：

4
虛擬外遇

　　狄克跟許多老夫老妻一樣，也對自己的婚姻感到厭倦。他跟太太之間已無激情可言，事實上，他們幾乎沒有性生活。雖然如此，狄克並不打算結束這段婚姻；他還愛著妻子，而妻子也是個無可挑剔的好母親。

　　狄克很清楚該怎麼解決眼前的問題：搞外遇。只要能接受由老婆滿足一部分需求，由情婦負責另一部分，就沒有問題。不過，狄克實在不想背著老婆偷腥，他也知道，就算自己能怡然自得地腳踏兩條船，老婆也絕對無法坐視不理。

　　因此，當狄克聽說有「虛擬外遇」（標榜比真人還真實）這麼一家公司時，不免開始心動。這家公司提供虛擬外遇的機會：不是與電腦另一端的真人進行網路性愛，而是在虛擬的現實環境中，與完全虛擬的人「上床」。整個過程感覺就像真實性愛，事實上，所有的體驗完全是由電腦模擬你的腦子創造出來的，可以產生身歷其境的快感。沒有第三者的外遇，就無所謂的不貞。狄克心想，有何不可？

　　為什麼我們一聽到「不貞」兩字就覺得渾身不舒服？有些人認為，不貞根本沒什麼；他們也認為，人們之所以對不貞反感，只是因為受到文化限制，而且對一夫一妻制抱著不切實際的期

望。性與愛完全是兩回事，如果我們允許生物交配的驅力破壞感情紐帶，我們就太傻了。

假如渴望一夫一妻制是文化的產物，這種產物可說是根深柢固。許多參與自由性愛團體或嘗試雜交派對的人，往往羨慕其他人能與摯愛同床共枕。有些人一派輕鬆地告訴我們，應該拋去不貞造成的「心理問題」；然而，不貞似乎不僅僅是有待克服的心理障礙。

對大多數人來說，如果不貞仍是問題，到底是什麼讓不貞困擾我們？想像另一半使用虛擬外遇公司提供的服務時會有什麼感受，也許有助於回答這個問題。我們若不反對網路性愛，夫妻之間將會有第三者介入；然而，夫妻之間的親密關係應該是一對一且排他的。我們希望看到的是傳統一夫一妻制，也希望這種制度繼續維持下去。

如果我們反對虛擬外遇，影響夫妻關係的重要因素將不再是第三者。真正造成夫妻失和的原因，不再是配偶投向別人的懷抱，而是另一半轉身遠離夫妻關係。因此，狄克上網宣洩慾火的同時，也表示妻子已經無法引起他的性趣。

外遇通常是夫妻關係亮起紅燈的警訊，而非造成夫妻關係破裂的元凶。這種說法可以解釋為什麼我們會對狄克的虛擬愛人感到不悅，因為早在狄克第一次登入網站尋找虛擬的性刺激之前，就已經喪失往日對妻子的熱情。因此，虛擬外遇並非處理夫妻問題的方式，反而是用來逃避夫妻問題的手段。

在真實世界中，厭惡不貞行為的原因相當複雜，拒絕虛擬外遇的人往往更不願意與真實的血肉之軀搞外遇。狄克的例子告訴

我們，應該只將注意力集中在不貞行為的一個面向上：夫妻雙方是從何時開始轉身遠離最值得珍視的婚姻關係？

會讓你想破同一片頭蓋骨的問題：

朱立安 · 巴吉尼
JULIAN BAGGINI

5
自願被吃的豬

　　柏格吃素四十年了，這次他準備坐下來好好享用一頓由豬肉香腸、酥脆培根與平底鍋煎雞胸肉組成的肉食大餐。柏格有好長一段時間沒有嘗過肉的滋味，他的原則顯然勝過了口腹之慾；不過，現在他卻可以一邊吃肉又不違反良心。

　　香腸與培根來自柏格一週前見過的豬普莉希拉。這頭經過基因工程改造的豬會說話，更重要的是，牠還自願被吃。在人類餐桌上劃下生命句點，是普莉希拉畢生職志，牠在待宰的那天醒來時，內心澎湃不已。普莉希拉衝進舒適又人道的屠宰場之前，將自己的期望全告訴了柏格。柏格知道整件事的來龍去脈之後，心想如果不吃了普莉希拉，就太對不起牠了。

　　雞肉則是來自經過基因改造的「無腦」雞，換句話說，這種雞就像植物一樣，無法知覺到自我、環境、疼痛或舒服。殺這種雞就跟拔紅蘿蔔一樣，一點也不殘忍。

　　然而，菜餚端到柏格面前時，他禁不住作嘔。這是長年茹素造成的反射作用，還是內心痛苦反映出的生理現象？柏格鎮定了一下心神，拿起刀叉……

資料來源：*The Restaurant at the End of the Universe* by Douglas
　Adams (Pan Books, 1980)

關心動物福利不是少數素食人口的專利，然而，真正能做到不殺生的，卻只有素食主義者。素食主義者不打蒼蠅，也不撲滅老鼠，而一般人——雖然不是全部——倒是樂意殺光這些生物。

有些人認為，飼養並殺掉動物是錯誤的行為，他們的理由主要有二。首先是飼養動物的環境問題，這裡人們關心的是動物活著時遭遇的悲慘狀況，而非死亡。其次則是屠宰行為，它終結了生物的生命，剝奪其安享晚年的機會。

解決第一個問題的方式很簡單，只要確保動物能生活在良好的環境中即可。因此，許多關心動物福利的人士只吃自由放養而非集約飼養的家禽與牛羊。

然而，對素食主義者來說，更重要的是第二個理由：反對殺生。不過，若是能創造出沒有生存利益的動物，也就是說，這些動物就跟紅蘿蔔一樣沒有知覺，結果會不會有所不同？剝奪牠們從未知覺或擁有過的存在感是否有錯？或者，如果動物實際上自願被吃，就像道格拉斯・亞當斯在《宇宙盡頭的餐廳》中想像的牛？

小說主角丹特對於這項提議感到一陣恐怖的嫌惡，他說：「這是他見過最令人作嘔的事。」但是畢波布羅克斯駁斥丹特的說法：至少這「比吃掉不願被吃的動物還好吧」？丹特的反應不過就是「噁心想吐」，這是人們面對某種不自然東西時、即便當中沒有道德問題也會產生的一種本能厭惡。器官移植與輸血一開始也被批評為異想天開，然而，等到人們逐漸見怪不怪，許多不道德的指責也隨之消失，只剩極少數宗教人士還堅持反對。

人們可能會提起動物尊嚴或尊重自然秩序，但嚴肅而論，創

造無腦雞是不是也減損了雞的尊嚴？普莉希亞是不是死得很有尊嚴？甚至於有機農夫選擇與培育各種農作物並大量生產的行為，是否等於紊亂了自然秩序？簡言之，如果柏格的菜單成真，素食主義者還有理由拒絕與柏格一同開葷嗎？

會讓你想破同一片頭蓋骨的問題：

6

推論錯誤的賭徒

　　瑪姬不是數學家，但她知道自己剛剛發現了一種光靠玩輪盤就能致富的簡單方法。

　　幾天來，瑪姬一直在賭場觀察輪盤轉動的方式，意外發現經常會出現珠子連續幾次只掉入黑色或紅色溝槽的情況。連續五次已經很罕見，連續六次一天只出現個幾次。

　　瑪姬因此想出一種玩法。珠子連續六次掉入同一顏色溝槽的機率很低，瑪姬便在一旁等待，一旦珠子連續五次掉入同一顏色的溝槽裡，例如紅色，她就在下一回合下注黑色。瑪姬贏的次數肯定比輸的次數多，因為連續六次的情況實在很少見。對此，她自信滿滿，已經開始計畫要如何花掉這一大筆即將到手的錢財。

　　瑪姬的錯誤正可說明思想實驗的局限。她的方式之所以看來簡單易行，是因為她已經進行測試，而且每次都能成功。然而，這個過程完全是在她腦中進行的，並非實際付諸實踐；賭徒很容易在自己假設的場景中迷失方向，哲學家也是。

　　瑪姬犯下的錯誤，倒不是想像的世界與真實落差太大，主要是推論上的錯誤。她將珠子連續六次掉入同一顏色溝槽的機率，與已經連續五次掉入同一顏色溝槽的珠子再次掉入同一顏色溝槽的機率混為一談。

　　舉例來說，我們可以想像一個簡單的運氣比賽，人們以擲銅板比賽誰的運氣好。第一回合有六十四人，第二回合剩三十二人，第三回合剩十六人，依此類推，到了決賽只剩下兩人。比賽開始時，每個人贏得比賽的機率是六十四分之一，但是到了決賽，每個人贏的機率則是二分之一。瑪姬的邏輯是以第一回合為準，計算獲勝的機率，並且維持不變。因此，就算到了決賽只剩下兩人，瑪姬仍然認為每個人獲勝的機率是六十四分之一。依照她的算法，決賽中產生勝者的機率竟然只有三十二分之一！

　　同樣的道理，珠子連續六次掉在同一顏色溝漕的機率微乎其微，就跟連擲六次銅板獲勝的機率一樣（六十四分之一）。如果珠子已經連續五次掉入同一顏色的溝槽，第六次的機率就與從第一次起算連續六次掉入同一顏色溝槽的低機率無關：因為在接下來的轉動中，珠子掉進紅色或黑色溝漕的機率接近二分之一（考慮到輪盤中還有兩格綠色溝槽）。

　　上述的意義在於，過去的低機率不會影響未來的機率，瑪姬忽略了這一點。如果她能稍加留意，連續五次的例子中有幾次珠子繼續掉入同一顏色的溝槽裡，就會發現機率略小於二分之一。因此，瑪姬的錯誤不僅在於推論錯誤，還在於她想像了某個可藉由觀察加以確認的例子，但是這個例子卻被證明是錯的。無論是腦中世界還是真實世界，瑪姬都是拙劣的實驗家。

會讓你想破同一片頭蓋骨的問題：

———— 7 ————
被迫先姦後殺的二等兵

二等兵薩克斯即將進行一項可怕的任務。上級命令他先姦後殺一個因種族問題而無端入獄的女犯人,薩克斯心裡明白這是極不正義的行徑——事實上,這是一種戰爭罪行。

薩克斯思前想後,發現自己別無選擇,只能遵從上級的命令。若要遵守命令,他打算盡可能減輕受害者遭受的酷刑,盡量不讓她受到無謂的痛苦。如果堅不受命,他自己將被槍決,而犯人一樣會受折磨而死,甚至會更加痛苦。只要薩克斯乖乖執行,對大家都有好處。

薩克斯的理由很充分,但是內心卻無法平靜下來。他所做的事怎麼可能既是盱衡情勢下的最佳選擇、同時又是一樁恐怖惡行?

「就算我不做,別人也會做。」這是一般人用來合理化自身惡行的拙劣藉口。只要犯錯,就該負起責任,這跟別人做不做毫無關係。如果你看到一輛敞篷跑車,鑰匙居然留在上面,然後跳上去把車開走,這種行為仍是竊盜,並不會因為你不開自有別人開而有所變化。

薩克斯的理由略有不同,但是意義重大。他說:「如果我不做,別人也會做,而且結果會更糟。」薩克斯並非只是袖手旁觀

地任由惡事降臨，而是盡可能做出最好的——或者是最不糟糕的——結果。

一般說來，我們認為盡可能阻止傷害發生絕對是一種道德行為。薩克斯能做的就是保住自己的性命，並且盡量讓犯人較不痛苦地死去；然而，他還是必須做出強姦和殺人的行為，而這些行為不可能合於道德。

我們忍不住要問，是否還有第三種可能：也許薩克斯可以一槍打死犯人再飲彈自盡。然而，我們必須停止這樣的猜想，因為在思想實驗中要控制變數。我們問的是薩克斯該怎麼做，而他只有兩種選擇：遵命或抗命。整個思想實驗的重心集中在這個進退兩難的場景上，迫使我們面對眼前的道德問題，而非規避它。

或許有人會說，人們總會在某個特殊場合無法做出正確的事。不管做或不做，都會飽受咒罵；而當不道德的事無法避免時，我們應該做出最不糟糕的選擇。因此我們才會說，薩克斯在做出最佳選擇的同時也犯下了惡行。除此之外，薩克斯的做法也引發另一個問題：如果他確實盡可能做出最佳決定，我們怎能因為他所做的事而責怪甚至於懲罰他？如果他無需受到責備或懲罰，是否表示他做的事並沒有錯？

或許可以這樣回答，薩克斯的行為是錯的，但是薩克斯本人無可非難；他所做的是錯的，但是他這麼做並沒有錯。這種說法在邏輯上站得住腳，然而，這到底是反映了世界的複雜，還是為了將不合理之事合理化而做的過度扭曲？

我們也可以有另一種答案，那就是結果不能合理化手段，薩克斯應該拒絕服從命令。雖然薩克斯將因此喪命，犯人也將遭受

更多痛苦，但至少他做出了道德抉擇，得以維持原先的正直。但是，這樣的做法會比保住性命與減少痛苦更高貴嗎？

會讓你想破同一片頭蓋骨的問題：

8

先有善，還是先有上帝？

上帝對哲學家說：「我是天主，你的上帝，我是所有善的源頭。為什麼你們這些道德哲學家卻忽視我？」

哲學家對上帝說：「在回答之前，我必須先請教你幾個問題。你命令我們行善，但這些行為是因為你的命令才變成善，還是說，這些行為本身就是善，所以你才命令我們去做？」

「我想，這些行為之所以是善，是因為它們是我的命令？」上帝說道。

「萬能的天主，這個答案絕對是錯的！如果善之所以是善由你決定，哪天你一不高興，就可能說折磨嬰兒是善。這聽起來很蠢，不是嗎？」

「當然！」上帝回答：「我只是要試探你一下，你的說法我很滿意。真正的答案應該是另一個？」

「你命令我們行善，是因為這些事本身就是善。這表示善並非由你決定，所以我們不需理解上帝就能理解善。」

「即便如此，」上帝說：「你不得不承認我寫了很多有關善的教科書，而且內容還相當不錯⋯⋯」

資料來源：*Euthyphro* by Plato (380 BCE)

　　我還在學校念書時，所唱的讚美詩將上帝跟每一種好的屬性畫成等號。我們頌讚上帝是愛，上帝是善，上帝是真，上帝是美，難怪唱到最後唱詩班一定是以「讚美主」作結。

　　然而，「上帝是善」這個觀念充滿了曖昧。上帝是善的意思，可能類似蛋糕好吃或某人善良。在這些例子中，「是」的功能在於將某些特質歸屬於某人或某物，如善良或藍色。不過，「上帝是善」這個句子也可能類似「水是H2O」或「柏拉圖是《理想國》的作者」。在這裡，「是」表示兩種詞彙之間具有同一性：某物等同於另一物。

　　在讚美詩中，「是」似乎代表同一性，而非屬性。上帝不是愛人的，而是愛；不是美的，而是美。上帝不只擁有這些正面特質，祂根本就是這些正面特質。因此，「上帝是善」意味著上帝的觀念與善的觀念分不開，善的本質就是上帝。

　　如果真是如此，無怪乎許多人相信沒有上帝就沒有道德。如果上帝是善，那是因為上帝是善，而且也選擇做原本是善的行為。上帝的選擇並不能讓事物成為善，祂只選擇善的事物。

　　有些人可能會抗議，認為這種論證之所以能成立，是將原本不可分割的命題予以分割。如果上帝真的是善，提出這樣一個進退兩難的問題——將上帝與善區別開來——就不合理。然而，善之所以是善究竟是出於上帝的命令，還是上帝之所以命令是出於善的緣故，這樣的問題並不違背上帝是善的命題，因此反對的說法完全是狡辯。

　　就算上帝與善是一體兩面，也不表示我們不能質疑兩者的同一性。問題的答案很清楚，我們當然知道善是什麼；正因為我們

知道善是什麼，所以才能真切地說上帝是善。如果上帝贊同毫無意義的折磨，我們知道這樣的上帝不是善。這顯示我們無需理解上帝也能理解善的本質，而這也顯示無神的道德並非矛盾的修飾語。

會讓你想破同一片頭蓋骨的問題：

17 拷打，還是不拷打？

57 吃吧，不要浪費！

58 上帝的必殺令

95 老天，告訴我天理何在？

朱立安‧巴吉尼
Julian Baggini

—— 9 ——

老大哥太空站

　　為了製作電視影集《老大哥》第七十三集，製作群引進了最新型設備：皮耶。節目中負責諮詢的心理學家解釋這部機器的運作方式。

　　「大家都知道，腦部是思考與行動的引擎，而且腦部完全是物理性的。既然我們對物理定律已經有一定的瞭解，自然能精確預測人腦對周遭環境的反應——因此，也能知道人類如何思考。

　　「一進入老大哥太空站，腦部掃瞄器就掃瞄出所有參賽者的腦部狀態。我們的超級電腦皮耶將隨時監視參賽者受到各種刺激時的反應，並且預測參賽者接下來會做出什麼行為。

　　「由於我們運用的是最新最複雜的設備，因此必須在管控上做到滴水不漏。這項科技必須在封閉的控制環境下——如老大哥太空站——運作才能達到最佳效能，也才能預測出參賽者未來幾分鐘可能出現的反應；一旦預測過程中稍有差池，整個預測結果就會完全改觀。觀眾喜歡看電腦預測參賽者可能的反應，就某種意義來說，我們對於參賽者心裡想什麼似乎比他們做什麼更有興趣。」

資料來源：The deterministic thesis of the French mathematician
　　Pierre-Simon Laplace (1749-1827)

法國科學家拉普拉斯提到，若是知道物理定律和宇宙中所有粒子的位置，就能預測未來所有可能發生的事件。後來量子理論證明這種說法是錯的，因為並非所有的因果流程都完全決定於先前的條件，宇宙遠比拉普拉斯所想的更不確定。

儘管如此，量子效應只發生在最微觀的層次，世上絕大多數物體運作的方式就像拉普拉斯所想的，彷彿都決定於嚴密的因果律。因此，我們得以採取某種稍稍次於拉普拉斯全知觀察者的立場，並且做出較為適切的預測。簡言之，老大哥電腦在理論上是可行的。

一邊觀看節目，一邊對照皮耶的預測，很容易造成觀眾內心的不安。我們不斷看到參賽者的行為完全符合電腦的預期，而電腦擁有的資訊不外乎人腦與環境的物理狀態。無論參賽者做出什麼樣的決定，都逃不過電腦的精算。簡言之，參賽者似乎已不再是能自主抉擇的獨立能動者，反倒像是機器人。

我們該如何面對這樣的景象？第一種做法是直接否認這種現象的可能性。人類擁有自由意志，這表示沒有任何一部電腦能做出想像中皮耶所做的事；然而，這樣的回應缺乏說理，只是單方面拒絕我們不喜歡的事物。我們必須說明為什麼皮耶不可能出現，而非僅在口頭上否認。

以量子不確定性做為反對理由並不可行。即使量子理論確實引入比我們的思想實驗更激烈的不可預測性，卻只會以不可預測且隨機的元素取代可預測的因果流程。如此一來，我們的行動將決定於隨機而非嚴密的因果流程，並且因此完全失去自主性。自由意志的展現在於我們能脫離物理因果鏈的掌握，但是在量子理

論之下，我們無法做到這一點。

第二種回應方式是接受皮耶可能出現，但是仍主張在某些重要層面上，自由意志並未受到皮耶威脅。一種可能是區別可預測性與自由這兩個觀念。舉例來說，我們通常能預測朋友會點什麼餐點或飲料，但我們不會因此認為他們不能自由選擇。如果這種想法是對的，又何必因為能完全預測一個人的行為就認為人不自由呢？

然而，這種說法能不能拯救自由意志？處於抉擇的時刻，人類若能不理會當下發生的一切，決心做出自己的選擇，如果這樣的能力不能稱為自由，還有什麼是自由呢？

會讓你想破同一片頭蓋骨的問題：

—— 10 ——
到底要怎樣才公平？

　　二十名被選上前往火星殖民地生活的民眾，必須面對一項不尋常的任務。紅色行星上有著各種物品，包括了住宿設施、食物、飲料與奢侈品，他們必須在出發之前決定用什麼標準分配這些物品。然而，關鍵是沒有人知道殖民地上有什麼重要任務等著他們完成。他們的工作可能需要手工，也可能與勞動無關；可能需要很高的聰明才智，也可能更適合平常完全不用腦的人。

　　第一個建議是應該平均分配所有的物品：從依照能力到根據需要進行分配。不過，立刻有人提出異議。如果工作繁重而有人不願完成自己份內的工作，此時每個人的報酬相等豈不是不公平？為了鼓勵生產，難道不該提供一些誘因嗎？

　　異議成立，但是似乎衍生出更多問題。公平並不等同給予每個人相同的東西。那麼，公平的意義究竟為何？

資料來源：Chapter 3 of *A Theory of Justice* by John Rawls (Harvard University Press, 1971)

　　根據政治哲學家羅爾斯的看法，殖民者雖然不知公平為何物，卻處於找出答案的理想境況。由於殖民者是在「無知之幕」的遮蔽下決定如何正確分配物品，「無知之幕」使人處於黑暗中，

不知該如何輕鬆應付殖民地生活，因此我們可以相信殖民者在決定時完全是大公無私的。舉例來說，由於沒有人知道火星上較重視的是腦力工作還是體力工作，殖民者就不會貿然將賭注完全押在腦力或體力工作上，他們會對腦力與體力工作一視同仁，如此似乎就能達到公平。

羅爾斯認為，我們若是想知道在地球上如何達到公平，就應該想像自己也處於類似境況。關鍵差異在於，我們也應該想像自己不知道自己是聰明還是愚笨、靈巧還是笨拙、強健還是病弱；若是如此，我們就能訂出規則，決定如何在公平又不歧視任何人的情況下分配物品。

羅爾斯認為，如果能理性採取這個流程，就能創造出盡可能縮小貧富差距的體系。由於我們渾然不知自己是否處於社會底層，所以會審慎確認自己不幸淪為社會底層時，是否還有翻身機會。這種思考將引領我們走向傳統自由主義的社會民主形式，如果必須移轉財富，最不該犧牲的是財產最少者的利益。

然而，這種做法是否真的公平或理性？如果有人認為讓最無能的人沉淪並沒有什麼不公平，我們該如何回應？如果有人主張真正的理性就是下注在贏家身上，而非處處求全地讓社會盡可能照顧輸家，這樣的說法又如何？若是以「自己」在社會上可能受到的待遇為指導原則，而非單純考慮公平與正義，我們是否將自失立場，淪為自私自利？

羅爾斯的支持者相信，無知之幕是最能決定公平社會外觀的設計。批評者則認為這是天方夜譚：當我們走到無知之幕幕後，同時也挾帶了既有的政治觀與偏見，並且根據這些觀點做出決

定。因此，在政治哲學史上，無知之幕若不是最有用的思想實驗，就鐵定是最沒價值的。

會讓你想破同一片頭蓋骨的問題：

———————— 11 ————————
哪一艘才是真的？

　　諾斯完全沒想到會碰上這檔事。身為走遍國際的慣竊，諾斯對於自己每次都能圓滿達成任務感到自豪。最近他又接到一樁買賣，買主要他偷竊著名遊艇特修斯號。這艘遊艇最近惡耗頻傳，先是英國報業大亨葛瑞伯從船上落海死亡，之後還成了加州饒舌歌手冰茶老爹的被害現場。

　　剛整修完畢的特修斯號停靠在船塢裡，諾斯來到此地，赫然發現竟然有兩艘外觀一模一樣的遊艇。諾斯轉頭看著遊艇保全人員，此時諾斯的同夥正拿槍對準這名保全。

　　「如果你想活命，最好告訴我，哪一艘才是真正的特修斯號。」諾斯問道。

　　「那要看狀況，」保全緊張地回答：「我們開始修船時，發現這艘船要更換的部分相當多。我們將舊零件換下來放在一旁，等到工作進展到最後，我們發現幾乎整艘船的零件都必須更換。完工之後，有幾個工人覺得換掉的舊船零件丟掉可惜，乾脆另外建了一艘跟原船一模一樣的遊艇，所以你才會看到這兩艘船。左邊這艘是用新零件整修後的特修斯號，右邊這艘則是用舊零件重建的特修斯號。」

　　「到底哪一艘才是真正的特修斯號？」諾斯又問。

　　諾斯的同夥作勢要扣扳機，保全人員大叫：「嘿！我已經老實講了，你還想怎麼樣！」諾斯抓了抓頭，開始苦思怎麼樣才能把兩艘船一起帶走……

資料來源：*Leviathan* by Thomas Hobbes (1651)

　　哲學總是與事實蒐集俱全卻仍待解答的問題有關。在上述場景中，諾斯已經知道這兩艘船的相關事實；然而，問題如何解決仍是個謎。

　　對某些人來說，光用直覺就能判斷哪一艘才是真正的特修斯號，但是如何決定往往取決於別人怎麼講述這個故事。如果諾斯是警探，負責蒐集和葛瑞伯及冰茶老爹死亡有關的法庭證據，很明顯地一定會認定重建的特修斯號才是真貨；如果諾斯是歷史古物收藏家，可能也會做出相同的結論。

　　然而，如果就所有權的角度來看，整修後的特修斯號才是原來的遊艇，物主有權行駛出海的也是這一艘。若是在船塢放置一架時間延遲攝影機，全程拍下工作過程，就會發現進入船塢的遊艇逐漸整修完成，重建的遊艇稍後才會出現在整修好的遊艇旁。整修後的遊艇是從之前未修繕的遊艇延續過來的，重建的遊艇則完全是新造物。

　　哪一艘才是「真正的」特修斯號？這個問題的答案可說是言人人殊，答案完全取決於人們對這艘船擁有的利益。但是，這種說法也會帶來令人不安的結果。仔細想想，人類不也像特修斯號？隨著生命歷程不斷地開展，體內的細胞也不斷死亡取代。我們的思想不斷在變，二十歲的腦子已沒剩下多少十歲時的想法；隨著年歲漸長，思想、記憶、信仰與性情也不斷地交替更換。現

在的我們跟許多年前的我們是不是同一個人？這個問題難道沒有固定的解答，乃至於必須取決於利益？如果特修斯號的同一性不能由事實決定，我們能不能說，所有隨時間流轉而變遷的事物的同一性，也不能由事實決定，人類亦然？

會讓你想破同一片頭蓋骨的問題：

—— 12 ——
沙灘上的畢卡索

洛伊從懸崖往下看，發現沙灘上畫了一個人。這幅沙畫逐漸引起他的注意，最後讓他嚇了一跳。那是一張難得一見的面孔，完全不是現實世界該有的東西，反倒像是從各個角度湊合起來的人臉。再仔細一看，這個人看起來就像畢卡索。

洛伊腦子一閃過這個念頭，胸口就一陣急促。他拿起望遠鏡貼近雙眼，禁不住地擦拭鏡面。沒錯，沙灘上的男人就是畢卡索。

洛伊的心跳加速。他每天都會經過這裡，知道再過不久漲潮的海水就會沖上沙灘，這幅畢卡索肖像將化為烏有。他必須想辦法保留這幅畫，問題是該怎麼做？

讓海水倒退當然是力有未逮，為沙畫做塊板模也不可能，就算有充足的時間也辦不到，更何況現在十萬火急。也許洛伊可以趕回家拿相機，但這樣頂多能記錄原作而無法保留原作。而且，就算他真的回去拿相機，就在這一來一往之間，海水恐怕已經沖上岸了。或許，洛伊乾脆就利用這有限的一點時間，一個人獨享這份美景也就罷了。他佇立凝望，真不知自己該笑還是該哭。

資料來源：'In a Season of Calm Weather' by Ray Bradbury, reprinted in *A Medicine for Melancholy* (Avon Books, 1981)

藝術品無法恆久留存，並不代表是一場悲劇，這主要還是取決於藝術品的形式。認為每一件藝術品都應該像雕塑一樣恆久留存，是相當愚蠢的想法。當然，我們可以拍攝表演或保留文字，但是這些方式只能將作品凍結在某個時點；凡是看過難忘的現場演出或演奏的人，事後重溫影片都會瞭解這一點。

提到雕塑與繪畫，保存往往被視為一種理想。然而，表演藝術與造型藝術的區別有多鮮明？假想的畢卡索沙畫顯然模糊了這道界線。不尋常的表現形式，使得通常能存續久遠的造型轉化成稍縱即逝的表演。

一旦瞭解表演藝術與造型藝術之間並無清楚界線，就會促使我們重新思考保存與修復的態度。一般而言，我們總認為保存或修復繪畫使其常保如新是件好事；然而，藝術品逐漸凋敝或許也是一種重要的表演方式。

這種說法並非空穴來風，事實上，許多藝術家在創造過程中，也同時考慮到作品隨著時間損壞的可能。舉例來說，蓋里（Frank Gehry）就相當清楚，他設計的畢爾包古根漢博物館的鈦金屬外形暴露在空氣中會產生什麼影響；同樣地，過去的藝術巨匠也不是對自己所上顏料注定褪色的命運一無所知。

更進一步地說，人類天性原本就有拒絕接受毀滅命運的傾向，所以才會產生強烈的保存慾。藝術的壽命遠逾人類，因此人類往往試圖透過藝術延續自己的生命（不過，伍迪艾倫曾說過一句名言，他不想透過藝術來達到不朽，他想不死）。如果我們接受藝術有時而終，沒有任何事物能歷久不衰，也許就能看清藝術與生命的價值何在：過程比結果更重要。

會讓你想破同一片頭蓋骨的問題：

朱立安・巴吉尼
JULIAN BAGGINI

— 13 —

專門研究紅色的色盲

只要是有關紅色的事，瑪麗莫不知之甚詳。身為科學家，紅色是她畢生研究的課題。如果你想知道我們為何看不見紅外線，番茄為何是紅的，或紅色為何代表熱情，問瑪麗就對了。

要不是因為瑪麗是個色盲，人們對於她的成就也許還不感驚訝。她完全無法辨識顏色，對她而言，世界就像黑白電影。

然而，現在一切都將改觀。瑪麗的視網膜錐狀細胞並未損壞，只是訊號未能經過大腦處理。神經外科的進步意味著瑪麗有治癒的機會，很快就能迎接彩色的人生。

由於瑪麗是個色盲，因此儘管她有豐富的紅色知識，卻還不能說對於紅色瞭解透澈。瑪麗還需要認識一件事：紅色是什麼樣子？

資料來源：'What Mary Didn't Know' by Frank Jackson, republished in *The Nature of Mind*, edited by David Rosenthal (Oxford University Press, 1991)

有人認為心智與身體是兩種不同而並存的質料，不過，大多數稍有知識的人對於這種說法並不感興趣。非物質的靈魂寄宿在動物性的身體中——精神存在於機器中——這樣的觀點已經過

時,同時也缺乏根據並違背科學。

然而,否定錯誤的世界觀,並不能保證我們得到正確的世界觀。若將心物二元論掃地出門,接下來我們又該採用什麼樣的世界觀?眼前的候選人是物理主義:世上只有一種質料,即物理質料,所有的事物包括人類心智都是由物理質料構成。可以確定的是,與其說這種「質料」是微小的次原子撞球,不如說它能轉化成能量;它不僅構成各種形式的椅子,也構成椅子以外的所有物品。

雖然如此,物理主義的熱忱也有可能過度引申。就算世上只有這麼一種「質料」,也不一定表示凡事只能從物理角度來理解。

瑪麗的故事說明的就是這一點。身為科學家,瑪麗可以從「物理」角度全盤掌握紅色的性質,唯有一件事她無法說明:紅色是什麼樣子。科學對世界的描述無法給她這門知識。科學是客觀的、實驗的、量化的,感官經驗——其實就是心智經驗——則是主觀的、體驗的、質性的。簡言之,無論物理世界的描述再怎麼完整,都無法捕捉我們的心智體驗;正如哲學家所言,心智不可化約成物質。

這是對物理主義者的挑戰。一方面,世上除了物理質料再無其他;另一方面,心理事件卻無法以物理角度加以解釋,這兩個彼此悖逆的命題如何同時存在?這豈不等於跳出了心物二元論的煎鍋,卻又跳進物理主義的烈焰?

想像瑪麗是個物理主義者,她會怎麼說?或許她會指出實在與表象之間的差異:即事物的本質與事物的外觀。科學關心的是前者而非後者,因為知識總是與事物何以如此有關,與事物看起

來如何無關。瑪麗知道有關紅色的一切知識，只是不知道大部分人看到的紅色是什麼樣子。當然，瑪麗確實看得見紅色，只是她眼中的紅色類似灰色的陰影。

因此，當瑪麗首次看到顏色時，世界將以全新的面貌出現在她面前。我們能說瑪麗看到全新的世界嗎？我想，她只能理所當然地說，自己終於「知道」紅色是什麼樣子。然而，日常性的言談，有時會使我們看不出哲學家在這方面的細膩區別。

會讓你想破同一片頭蓋骨的問題：

—————— 14 ——————
凱子提款機

　　理查到自動提款機提款，結果碰上一件令他驚喜的事。他要領一百英鎊，結果機器吐出來的卻是一萬英鎊，而列印出來的明細表則仍是一百英鎊。

　　理查回家後，隨即上網查看自己的戶頭，結果發現帳戶的確只扣除了一百英鎊。他找了安全的地方藏好錢，心想很快銀行就會發現這筆錯誤，把錢要回去；然而，幾個禮拜過去了，銀行竟然沒有人打電話給他。

　　兩個月後，理查認定不會有人要回這筆錢，於是他提了錢袋，裡面放了沉重的頭期款，到BMW經銷商看車。

　　然而，理查在途中突然覺得有點良心不安。難道這不是偷竊嗎？不過，理查很快就說服自己沒這回事，他並不是故意去拿這筆錢，而是這筆錢自己跑到他身上。這筆錢也不是從某人身上搶來，所以沒有人損失金錢。對銀行而言，這筆錢只是九牛一毛，況且銀行早就為這類偶發事件投保了；就算銀行因此有所損失，那也是銀行的錯——它們應該設計更安全的系統。不，這絕對不是偷竊。簡單地說，理查覺得自己鴻運當頭。

　　我還沒聽過，有人玩大富翁拿到「銀行犯了對你有利的錯——得兩百英鎊」這張卡片時，會覺得錢不是他的，而把錢退還

給銀行。但是在真實生活中，我們卻希望有這種誠實的人。話雖如此，能做到這一點的有幾個？我想是屈指可數。

這並非表示人們總是幹些不道德的勾當。事實上，隨著情況不同，人們會做出相當細微的區別。舉例來說，若是意外從獨立小店鋪拿到多餘的零錢，人們選擇歸還的比例會比從大公司拿到多餘零錢大得多。這當中隱含著一個原則：因某人出錯而占他便宜是錯誤的，但對象若是換成大公司，反而成了公平的行為。之所以如此，部分原因在於我們覺得沒有人會因大公司出錯而受害；相較於我們的獲利，大公司的損失根本不算什麼。詭異的是，我們之所以安心地把錢放進口袋，有一部分是因某種奇特的正義感在後頭推波助瀾。

然而，即使我們認定這是個可以合理化的竊盜形式，畢竟仍是竊盜，與它是否出於意外而非存心想偷毫無關係。舉例來說，想像你在行李取回處拿錯了行李，之後發現對方的行李裝了更貴重的物品，若不設法歸還，就算一開始是無心之過，也無法合理化後來蓄意不做任何處置的決定。同樣地，如果有人拿走你偶然疏忽未留意的珍貴物品，並且振振有詞地認定那是你自己的疏失，你一定為此惱怒不已。

理查認為銀行可以負擔損失，這種想法同樣似是而非；如果這種說法能合理化他的行為，同樣也能合理化商店裡的偷竊行為。商店也會保險，而輕微的竊盜案件並不足以影響商店的獲利。

理查之所以輕易被自己的理由說服——就像我們一樣——原因在於他站在有利自己的角度思考。有利自己的理由總是比不利自己的理由更有說服力，我們很難脫離自利的立場做出無私的判

斷。畢竟，我們沒有理由做不利於自己的事，不是嗎？

會讓你想破同一片頭蓋骨的問題：

15
天佑二等兵

二等兵肯尼未能獲頒象徵英勇的維多利亞十字勳章，令肯尼的家人頗為震驚。要不是肯尼擋住了手榴彈，恐怕將造成數十名官兵傷亡。如果這還不算「臨陣勇往直前」，還有什麼樣的行為夠格呢？

肯尼的家人要求部隊說明。軍方的聲明如下：「過去我們總會依照奉獻的多寡，頒贈與其奉獻程度相符的勳章；然而，我們不認為所謂的奉獻包括投入職責以外的事務。軍隊成員在行動時應隨時以全軍的利益為重，我們認為二等兵肯尼的行動明顯逾越職責；也就是說，有時為了全單位的利益，就算不行動也是可接受的，二等兵肯尼的行為明顯不合乎我們的規定。因此，我們不會追贈勳章給他。」

「雖然我們瞭解這對他的家人來說是個痛苦的時刻，但我們最後還是要指出，無論如何，這場爆炸一定會波及到二等兵肯尼，所以這件案子甚至可以說跟肯尼犧牲生命保護同袍扯不上關係。」

這份聲明的冷酷邏輯令人難以辯駁，但是肯尼的家人仍然相信肯尼所行的是英雄事蹟。然而，他們該用什麼論據才能為肯尼翻案呢？

　　二等兵肯尼的故事似乎可以做為哲學家所謂的超義務行為的範例；也就是說，某人做了一件好事，但是這件好事卻超越了道德要求。舉例來說，道德要求在沒有困難的情況下救出池塘裡溺水的小孩，但是若換成躍入波濤洶湧的海中冒死救人，則已超過道德的要求。換句話說，我們可能因做出超義務行為而受稱讚，但是，不做也不會遭受責難。

　　義務行為與超義務行為之間的差異似乎是既定的事實，如果道德理論無視於這項差異，往往會被視為理論有問題，功利主義就是一例。功利主義認為，凡是道德上正確的行動，就是能符合多數人利益的行動；果真如此，一旦無法為大多數人謀福利──即使必須個人犧牲──就表示無法做到道德上正確的事。舉例來說，有人認為，當每小時有數千人死於貧窮時，我們還過著富足的西方式生活，就表示我們未能符合道德要求，因為我們有能力拯救生命卻沒伸出援手。再者，幫助窮人甚至不需做出重大犧牲，只要相對放棄一些生活上的舒適───一般說來，這裡是指奢侈品───就行了。

　　然而，當有人確實將自己的一生奉獻給窮人時，我們傾向於認為這些人已超越他們的職分，他們做的已不只是符合道德要求。當然，我們之所以喜歡思考這一點，是因為這能幫助我們脫離困境；畢竟，如果道德要求我們也將自己的一生奉獻給窮人，我們都會是道德的失敗者。同樣的道理，如果要求士兵一定要做到肯尼所做的事，這些士兵都會成為不道德的人，而肯尼所做的將只是在場任何一個正直的人都應該做的事：不多也不少。

　　英雄式的行為是超義務行為還是單純的道德行為，為這種問

題煩心似乎有點鑽牛角尖；然而，事實在於人性就是如此，我們知道有些行為確實需要人類格外努力才能達成。不論是否有人超越道德要求，還是大多數人都是道德失敗者，都不會改變這個事實。

會讓你想破同一片頭蓋骨的問題：

———— 16 ————
烏龜賽跑

　　歡迎來到全雅典大競技人龜賽跑的最後決賽現場，我是這場比賽的評論員芝諾。不過，我必須說，這場比賽的結果已經底定；阿奇里斯犯了可怕的錯誤，他居然讓烏龜塔奎因領先他一百碼起跑。讓我解釋一下事情的來龍去脈。

　　塔奎因的戰術是，不管自己的速度有多慢，都要不斷地往前移動。如果阿奇里斯要趕過塔奎因，必須先抵達塔奎因起跑的地方。等到阿奇里斯抵達時，塔奎因已經移動一小段距離，並且稍稍領先阿奇里斯。此時，如果阿奇里斯要趕過塔奎因，就必須再次抵達塔奎因目前的位置。但是，等到阿奇里斯抵達時，塔奎因又再度稍稍領先。因此，為了趕過他，阿奇里斯又必須再次趕抵塔奎因目前的位置；而當阿奇里斯開始追趕時，塔奎因又往前移動了。依此類推，你就能得到比賽的全貌。從邏輯與數學的角度來看，阿奇里斯永遠趕不上這頭烏龜。

　　現在要在烏龜身上下注已經太晚了，因為他們已經上了起跑線，而且……起跑！阿奇里斯越來越接近……越來越接近了……阿奇里斯超越了烏龜！我真不敢相信！這真是太神奇了！

資料來源：The ancient paradox of Achilles and the Tortoise, attrib-
　　uted to Zeno (born c. 488 BCE)

阿奇里斯為什麼無法趕過烏龜？芝諾上述的解釋是一種悖論，因為它引導我們得出的結論，說明了兩個互不相容的事物竟然皆為真。論證似乎證明阿奇里斯無法趕過烏龜，但是經驗告訴我們，阿奇里斯當然能趕過烏龜；然而，不論是論證還是經驗，似乎都沒錯。

有些人認為可以找出論證的瑕疵。這種論證的成立條件在於，假定時間與空間是持續的整體，可以無限分割成越來越小的區塊。它所仰賴的觀念是，比賽中總是存在著烏龜賴以移動一小段距離（不管多短）的空間長度（不管多小），以及阿奇里斯賴以抵達烏龜所在位置所需的時間長度（不管多短暫）。或許這個假定是錯的，總之，最後將在時間與空間中抵達某個無法再分割的點。

然而，這個論證只會創造出各種不同的悖論。這種觀念的問題在於，它主張最小的空間單位本質上不具外延性（長度、高度或寬度），因為一旦具有外延性，就有可能進一步分割，而我們又會再次回到賽跑悖論。然而，明顯具有外延性的空間如何由不具外延性的單位構成？時間也有同樣的問題。如果最小的時間單位不具期間性，並因此無法更進一步分割，時間做為一個整體怎會具有期間性？

因此，我們要面對的是悖論中的悖論：兩個悖論，看起來都很真實；但如果兩者皆為真，將使兩種可能性成為不可能。覺得混亂嗎？別擔心──會這樣是正常的。

尋找出路並不容易，解法實際上需要相當複雜的數學，這或許是烏龜賽跑的真正教訓：運用基本邏輯進行的理論空想，是

認識宇宙基礎本質的不可靠嚮導。然而，這也是個振聾發聵的教訓，因為我們總是仰賴基本邏輯，找出論證中的矛盾與瑕疵。邏輯本身不會出錯：用來解決這些悖論的複雜解法，憑藉的是嚴守邏輯規則。真正困難的是如何運用邏輯。

會讓你想破同一片頭蓋骨的問題：

── 17 ──
拷打，還是不拷打？

人犯看來相當堅決，但是哈帝確信自己可以突破他們的心防，只要運用一些脅迫的技巧就行。人犯當中，父親布萊德是個不折不扣的惡棍，就是他放置了巨大炸彈，打算殺死成千上萬的無辜民眾。只有布萊德知道炸彈在哪，但是他堅不吐實。

布萊德的兒子衛斯理與本案無關。不過，哈帝從情報上研判，儘管布萊德在拷問下不露一點口風，但只要在他面前拷問衛斯理，他應該就會招供。就算不是當下見效，至少可以趕在炸彈爆炸前取供。

哈帝感到苦惱。他一向反對拷問，每當拷問進行時，他總是藉故離開拷問室；衛斯理的無辜並不是讓哈帝感到良心不安的唯一理由，但是的確加重了這種傾向。然而，哈帝也知道這是拯救數百名民眾免遭死亡與殘廢的唯一方法。如果他不下令拷問，是否等於判處了民眾死刑，只因他個人厭惡拷問並缺乏道德勇氣？

多年來，諸如此類的場景一直被視為純假設性問題。文明社會不允許拷問，但是這一切都因「反恐戰爭」──特別是發生伊拉克阿布葛拉布監獄虐囚醜聞──而改變。爭論不只關乎是否曾經發生虐待、是否有人授權虐待，更在於虐待是否必然是錯的。

哈帝的困局是這類處境的簡化版本，任何具道德感與責任

感的人都可能處於這種狀況。支持在這種情況下進行拷問的人認為，雖然這種做法很可怕，但是你幾乎沒有選擇，只能動手去做。舉例來說，你如何能冒著再度發生九一一的風險，拒絕拷問某個人或某群人？這難道不是一種道德上的自我放縱？你保持了自身的純潔，避免了污穢卻必要的行為，其代價卻是眾多無辜的生命。如果你能理解哈帝下令拷問衛斯理的案子——畢竟衛斯理是無辜的——拷問有罪者的案子就更不用說了。

　　上述論點對人權支持者——他們傾向認定所有的拷問行為都是無法辯護的——而言相當具有挑戰性。為了維護自身的立場，人權支持者可以從兩種策略中任選其一。第一個策略是，堅持拷問在原則上一定是錯的，即便能拯救數千條人命，但是有些道德底線絕對不能逾越。施行拷問與否可以就個案加以討論，但是對於漠視生命任其死亡的指控卻不可因此動搖。

　　第二個策略主張：理論上，雖然拷問在一些罕見案例中有時是道德容許的行為，但我們仍必須堅稱絕對反對拷問，以維護道德底線。在實務上，一旦偶爾破例拷問，將不可避免擴散到原本無需拷問的案子上。有時候，我們會在能拷問的情形下不拷問；但我們寧可如此，也不要在不可拷問的狀況下偶然間進行拷問。

　　然而，這些策略可能都幫不了哈帝。雖然哈帝有充分的理由遵守規定不進行拷問，但是他面對的情況具有相當明確的拷問利益。哈帝的困境不在於能不能拷問，而是在這種情況下，他是否應該破壞規定，做出不被允許的事，拯救眾多無辜的生命。也許你認為哈帝不該這麼做，但可以確定的是，要做出選擇並不容易。

會讓你想破同一片頭蓋骨的問題：

———— 18 ————
理性至上？

　　蘇菲亞向來自豪於自己的理性，她絕不會違反理性行事。蘇菲亞當然知道，有些基本的行為動機並非出於理性——例如愛、品味與性格——但是，「與理性無關」並不等同於「非理性」。喜歡草莓更甚於覆盆子，這與理性或非理性無關；然而，就偏好來看，如果此時草莓與覆盆子的價格相同，卻捨草莓而買覆盆子，就是個非理性的選擇。

　　現在，蘇菲亞正面臨困境。有個極為聰明的朋友說服她，使她相信引爆炸彈炸死大量無辜民眾，而且從中無法得到任何明顯的利益——例如拯救他人的生命——是完全符合理性的行為。蘇菲亞清楚感覺到朋友的論證有點問題，但是從理性上來看，卻找不到任何毛病。更糟的是，這個論證要求蘇菲亞應該盡快引爆炸彈，因為再三考慮並非這個論證的選項。

　　以前蘇菲亞總認為，拒絕正確的理性論證而訴諸預感或直覺是錯誤之舉；然而，在這個事例上，如果蘇菲亞遵循理性，將不免感到自己做了罪大惡極的事。她應該存心走向較不理性的道路，還是應該相信理性克服感情而引爆炸彈？

　　這個思想實驗缺乏細節，不免讓人懷疑它的有效性。這篇文章並未告訴我們這個惡魔般的理性論證的內容，所以我們不知道

為什麼結論認為炸死無辜民眾會是好事。然而，曖昧不明並非真正的問題所在，我們從經驗中得知，人總是會被理性論證說服去做恐怖的事。舉例來說，在史達林時期的俄國與毛澤東時期的中國，人民相信告發無辜的朋友是最好的行為。反對在廣島與長崎投下原子彈的人，還是接受了決策者的決定，因為他們認為投彈是不得已的。

反對意見則認為，難道這些例子的理性論證沒有一點瑕疵嗎？如果能檢視這個令蘇菲亞迷惑的論證，我們一定能找出其中的問題；不過，這是假定其中必有問題。如果你相信理性總是要求正確的事物，很可能——與表面上看來相反——引爆炸彈是對的，而非論證是錯的。我們一開始即假定論證錯誤，等於是將直覺的信仰置於理性的命令之上。

無論如何，認為理性總是與善並行，這種樂觀主義是一種錯置。據說精神病患的問題不在於缺乏理性，而是他們缺乏感情。十八世紀蘇格蘭哲學家休謨同意這種說法，他寫道：「理性是而且只應是熱情的奴隸。」如果理性孤立於感情之外，我們就不該假定理性總能引領我們走向為善之路。

即便這種觀點太悲觀、邪惡的行徑也非理性所為，我們仍需面對自己能否完全符合理性的問題。對於那些認為史達林主義與毛主義的邏輯合於理性的人來說，史達林與毛澤東的論理毫無瑕疵可言。蘇菲亞很聰明，但是她如何辨別理性真的要求她放置炸彈？或許她根本沒有能力察覺論證中的瑕疵？相信理性的至高無上是一回事，相信人類的能力總能看出至高無上者的要求又是另一回事。

會讓你想破同一片頭蓋骨的問題：

朱立安・巴吉尼
JULIAN BAGGINI

19
美麗的謊言

　　怪異的威勒費爾德教派成員在聖希爾達豪格登會所過著隱居生活。除了領導者之外，所有的成員都不許接觸外界。他們接受教誨，以為現實世界如同肥皂劇描繪的那樣——肥皂劇是他們唯一能觀賞的電視節目。對於威勒費爾德人來說，《加冕街》、《大膽與美麗》、《東區人》與《鄰居》都不是虛構的影集，而是反映真實生活的紀錄片。由於大部分教派成員都出生在當地，因此要將大家蒙在鼓裡並非難事。

　　有一天，略帶反叛性格的門徒肯尼斯決定離開會所，前去造訪他經常在祭壇箱上看到的地方。這項舉動當然被禁止，但是肯尼斯仍設法逃離此地。

　　對於自己看到的一切，肯尼斯感到驚異。當他找到加冕街時，發現這條街並不是在威勒費爾德，只是格瑞那達攝影棚裡的布景；對他而言，這真是莫大的打擊。

　　然而，當肯尼斯偷偷返回會所並且告訴其他門徒所發現的一切時，卻被當成瘋子。「你實在不該離開這裡。」他們說：「外面很不安全，心智矇騙了你！」因此，眾門徒將肯尼斯逐出會所，不准他再回來。

資料來源：The allegory of the cave in *The Republic* by Plato

威勒費爾德人的故事明顯是一則寓言，但是故事中的各項元素到底有何寓意？

有許多方式可以解讀這則寓言。有些人認為，日常經驗的世界是幻覺，通往真實世界的大門需要藉由神聖藥品或打坐冥想來開啟。提到自己曾藉由這種方式看到真理的人，經常被當成吸毒者或瘋子，但是這些人卻認為我們才是笨蛋，深陷有限的感官經驗世界中而不自覺。

更無趣的是，在真實生活中，威勒費爾德人並不質疑自己所受的訓示，他們完全接受生活中看到的東西。威勒費爾德人也許不會對肥皂劇的內容照單全收，但是他們卻不加批判地接受既有的知識，包括在報紙上讀到的和在電視上看到的。知識的確切內容為何，由知識在社會上的交換程度而定。因此，有些人認為，只有瘋子才會相信美國總統犯了恐怖主義的罪行；其他人則認為，腦袋有毛病的人才會覺得美國總統相當聰明。

問題來了，聖希爾達豪格登會所在真實世界中的相似之物是什麼。我們不會用磚塊和灰泥將自己完全孤立起來，但我們的確用許多更精巧的方式限定自己的經驗範圍。若是只讀一份報紙，就嚴重限制了自己居住的思想空間。若是只跟有共識的人討論政治，就是在狹小的自我世界周圍樹立起另一道隱喻的柵欄。若是從未試著從別人的角度看世界，更別說取法他人的做法，就是躲在自己建造的狹小舒適世界中不願往外看。

在這方面，也許我們遭遇的最大困難是，如何探索肯尼斯的內心世界。他可能是有著瘋狂世界觀且容易受騙的笨蛋，也可能真正探索到前所未見、不為我們所知的生命向度，我們如何在這

兩者間做出區別？對於每個相信自己發現了隱藏真理的人，我們
不能都採取先信任而不懷疑的態度，因為這些人的觀點往往彼此
矛盾，不可能每個人都正確；然而，如果太輕易就否定他們，就
有淪為天真愚蠢的威勒費爾德人的危險，亦即注定過著幻想的生
活，而非現實的生活。

會讓你想破同一片頭蓋骨的問題：

——— 20 ———
賴活不如好死

薇妲莉亞發現了永生的祕密，但是現在卻誓言要毀了它。

兩百年前，有個馬克洛普羅斯博士將長生不老藥方交給了薇妲莉亞，年輕而愚蠢的她照方抓藥，然後一飲而盡。現在薇妲莉亞詛咒自己對生命的貪戀，朋友、愛人和至親紛紛衰老死去，留下她孑然一身活在世上。沒有了死神的追逐，薇妲莉亞失去動力與野心，她進行的一切計畫全都喪失意義。薇妲莉亞感到無趣而頹喪，現在只能祈求早歸塵土。

過去五十年來，祈求死亡已成為薇妲莉亞的唯一目標，其生命的形貌與目的只剩如此。現在她終於找到解藥，並且在幾天前服下，可以感覺到自己正快速衰老。對薇妲莉亞來說，接下來的工作就是確保沒有人像她一樣注定不死。長生不老藥早已毀掉，薇妲莉亞拿出一張紙，上面詳細記載了藥方，她將紙扔進火堆。望著火光，數十年來頭一遭，她的臉上泛起微笑。

資料來源：'The Makropulos Case?' in *Problems of the Self* by Bernard Williams (Cambridge University Press, 1973)

人生的悲劇——人們通常如此認為——在於我們注定會死亡，這意味著死亡是唯一一件我們確知正等待著我們的事物。薇

姐莉亞的故事扭轉了傳統的看法，指出不死才是詛咒。我們需要死亡賦予生命形貌與意義，沒有死亡，我們將會發現人生毫無意義。從這個觀點看來，如果地獄是永恆的詛咒，在冥界享受永生便是一種懲罰。

令人驚訝的是，在希望得到永生的人當中，幾乎很少有人認真想過永生造成的後果。這一點可以理解，我們最想要的就是延長壽命；至於能明確延長多久，並非我們的主要關切。七十年——如果幸運——看起來似乎還不夠長，有許多地方要遊覽，許多事物要體驗；擁有更長的壽命，才能完成這些事！

或許我們可以配合預期壽命，為自己擬定生命計畫；雖然如此，不管我們擁有多少壽命，還是會覺得自己活得不夠。舉例來說，想想「中青年」的現象。幾個世代之前，大多數人在二十幾歲即結婚生子，或甚至更早。現在，在人們比以前更富裕且認為自己將會活得更久、可以晚一點生孩子的情況下，越來越多人享受著延長的青春期，直到三十多歲。相對於之前的各個世代，這個世代富裕的中青年人忙著旅行和體驗更多事。然而，他們滿意了嗎？我們只能說，這個世代要比過去的世代更看重自己尚未擁有的東西。

不論我們擁有多長的壽命，似乎都覺得不夠；然而，我們對生命的渴望有其限度，仍會充分利用所擁有的時間。如果我們擁有無限的時間，「充分利用」的概念將變得毫無意義；既然時間是無限的，就無所謂浪費時間。如果失去了創造自己人生的理由，生存難道不會變成乏味又無意義的負擔嗎？

當我們說生命短暫是無解的難題時，或許是在自欺欺人。

既然生命長短並非自己能決定，人生苦短的哀愁就不是我們的罪愆。坦承自己有責任好好利用所擁有的時間並不容易，或許我們不該想「如果我有更多時間」，而是該想「如果我能更善加利用所擁有的時間」。

會讓你想破同一片頭蓋骨的問題：

—— 21 ——
原來我們都在胡思亂想

埃皮菲尼亞是顆引人注目的行星，外表和地球十分相似，居民卻與地球人大不相同。

埃皮芬人（即埃皮菲尼亞星居民）赫胥黎向前來觀光的地球人德克解釋，早在很久以前，埃皮芬人就已經「發現」思想無法影響行動。思想僅僅是身體過程的效果，除此之外別無其他。德克對這種說法感到困惑。

「你怎麼會這麼想？」德克反對赫胥黎的說法。「舉例來說，我們在這個酒吧碰面，你說：『天啊，我可以幹掉一瓶啤酒。』然後就點了一瓶啤酒。難道你認為『我要一瓶啤酒』的想法對你的行動完全沒有影響？」

「當然沒有。」赫胥黎回答，彷彿這個問題很蠢：「我們擁有思想，這些思想通常先於行動，但我們瞭解這些思想並未『引發』行動。我的身體和大腦其實早就準備要點啤酒了。「我可以幹掉一瓶啤酒」只是大腦和身體運作後在腦中閃過的一個念頭，思想不會引發行動。」

「對埃皮芬人來說也許是如此。」德克回答。

「哦，我倒看不出地球人跟我們有什麼不同。」赫胥黎說道。至少有一段時間，德克完全說不出話來。

資料來源：in an 1874 paper called 'On the Hypothesis that Animals are Automata, and its History' republished in *Method and Results*:

Essays by Thomas H. Huxley (D. Appleton and Company, 1898)

　　美國哲學家佛度（Jerry Fodor）說，若副象論（Epiphe-nomenal-ism）所言屬實，那將是世界末日。副象論認為，思想與其他心靈事件並未在物質世界引發任何事物，包括我們的行動。此外，大腦與身體運作起來就像某種純物質的機器，我們的意識經驗是副產品，由機器引發，無法影響機器。

　　為什麼這樣會是世界末日？原因在於，我們相信的每件事物都建立在這樣的基礎上，即思想引發行動。如果心智無法影響實際的作為，我們所認為的世界豈不成了一場幻覺？

　　然而，接受副象論就會造成這種結果嗎？我們設計出想像的埃皮菲尼亞星，測試人是否能在副象論的真理下生活。從開頭的場景看來，埃皮芬人將副象論當成某種老生常談的道理，顯然副象論不會影響他們的生活。重點在於，埃皮芬人的感受跟地球人一樣，不管是埃皮芬人還是地球人，思想同樣伴隨著行動出現；唯一不同的是，埃皮芬人不相信他們的思想會產生任何影響。

　　然而，要將我們相信的思想與行動之間的連結分離是否真有可能？果真如此，對我們實際生活的影響又如何？佛度認為思想與行動不可能分離，卻沒有明確解釋為什麼不可能分離。舉個思想在其中占了極大分量的例子：假設你正嘗試解開一道刁鑽的邏輯或數學題，最後終於迎刃而解。此時，實際的思考難道不是在解題過程中扮演了極重要的角色？

可惜不是。為何我不能相信意識經驗只是大腦層次運算時的副產品？或許它的確是必然的副產品。舉例來說，沸騰的茶壺發出的噪音，是加熱時不可避免的副產品，但是噪音並不能把蛋煮熟。因此，思考可能是中立計算時必然的副產品，思考本身無法產生任何解法。

事實上，想想思考是怎麼回事，就會發現其中似乎帶有非意識的因素。是答案「突然出現」在我們腦中，而非我們的腦子真正找到了答案。想想思考是什麼感覺，也許會發現「思考是某個我們未能意識到的過程之副產品」並非虛語。

會讓你想破同一片頭蓋骨的問題：

22
你管別人怎麼死

「是的。」自行任命為救生艇艇長的羅傑說：「這艘船上有十二人，可說相當理想，因為這艘船可以容納二十人。我們有充足的糧食可以支撐到救難隊前來，等待搭救的時間應該不會超過二十四小時。所以，我想我們可以放心地享用多餘的巧克力餅乾，每個人也可以喝到一口甜酒。有異議嗎？」

「安心享用多餘的餅乾固然不錯，」梅茲先生說：「但是當務之急，難道不是過去把那個快溺死的可憐女人救上來嗎？她已經向我們呼救半小時了。」有些人低頭看著船身，臉色困窘，其他人則搖頭表示懷疑。

「我想，我們之前已經有共識。」羅傑說：「她溺水不是我們的錯，如果救她上來，我們就不能享用多餘的餅乾。何必破壞舒適的現狀呢？」船上的人低聲嘟噥著表示贊同。

「我們有能力救她，如果不救，她就會死。這個理由不夠充分嗎？」

「人生就是這麼殘酷。」羅傑回答：「就算她死了，也不關我們的事。還有人要消化餅嗎？」

資料來源：'Lifeboat Earth' by Onora O'neill, republished in *World Hunger and Moral Obligation*, edited by W. Aiken and H. La Follette (Prentice-Hall, 1977)

這篇比喻相當容易理解。救生艇就是富裕的西方國家，溺水的婦女就是開發中國家因營養不良和可預防疾病而瀕死的民眾。從這一點來看，已開發世界的態度就跟羅傑一樣冷漠。我們每個人都有充足的食物與醫藥，卻寧可獨自享有奢侈品，任由他人死亡，也不願分享「多餘的餅乾」給他人。如果救生艇上的人很不道德，我們也好不到哪裡去。

　　另一個類比可以更加凸顯這種不道德：救生艇代表整個地球，有些人拒絕將食物分配給其他已經在船上的人。如果不努力救另一個人上船是殘酷的，拒絕將食物分配給已經救上船的人毋寧更加殘酷。

　　這種景象極具衝擊性，所傳達的訊息也令人震撼。但是，這種類比是否能夠成立？有些人也許會說，救生艇的場景忽略了財產權的重要。放置在救生艇上的物品是為有需求的人準備的，沒有人能主張自己比別人更有資格擁有這些物品。因此，我們必須從這樣的假定出發：只要不是根據需求平均分配，任何做法都是不公平的，除非你能證明其他做法也能達到公平。

　　然而，在真實世界中，食物與其他物品並非單純放在某處等待分配。財富是創造出來的，是賺取得來的；若我拒絕將剩餘分予他人，我並非不公平地竊取他人之物，只是保留原本就屬於自己的物品。

　　然而，即便修改類比反映這個事實，仍舊無法洗去不道德的污名。讓我們想像救生艇上的食物與補給品全屬船上個人所有。

儘管如此，一旦到了船上，並且發現有溺水婦女呼救，難道我們能說：「讓她死吧，這些餅乾是我的。」只要船上仍有足夠的食物分給這名婦女，為了讓她免於死亡，我們應該將私有的食物分給她。

聯合國規定，已開發國家應提撥國內生產毛額的百分之零點七進行海外援助；然而，幾乎沒有國家做到這一點。對大多數人來說，捐出百分之一的收入幫助窮人，幾乎不會對生活品質產生影響。救生艇的類比顯示，幫助窮人並不會讓我們成為好人；然而，若是不幫，可就犯了可怕的錯誤。

會讓你想破同一片頭蓋骨的問題：

23
甲蟲遊戲

　　路德維希和貝帝是早熟的孩子，他們跟許多孩子一樣，用自己獨創的語言玩遊戲。其中，他們最喜愛的一種遊戲——周遭的大人對此都感到困惑——稱為「甲蟲」。

　　故事從某天他們撿到兩個盒子開始。路德維希提議兩人各拿一個，只能看自己的盒子裡裝了什麼，不許看別人的。除此之外，兩人也不許描述自己盒中的東西，或是拿它與盒外的東西比較，只能單純地將盒中的物品命名為「甲蟲」。

　　不知何故，光是這麼做就足以讓他們樂半天。兩人都自豪地說，自己的盒子裡有一隻甲蟲，但只要有人要求他們解釋是什麼樣的甲蟲，他們總是拒絕。其實旁人都知道，這兩個盒子若不是空的，就是裝著不是甲蟲的東西。雖然如此，路德維希和貝帝還是堅持用「甲蟲」來指稱盒子內的物品，彷彿在他們的遊戲中，「甲蟲」是再合理也不過的詞彙。這令人感到十分不解，對成人來說尤其如此。「甲蟲」是毫無意義的詞彙，還是有著特定意義、但只有這兩個男孩才瞭解的詞彙？

資料來源：*Philosophical Investigations* by Ludwig Wittgenstein
（Blackwell, 1953）

　　這個奇怪的小遊戲，改編自特立獨行的奧地利哲學家維根斯坦的想法。對維根斯坦來說，所有的語言運用都是遊戲，仰賴的是規則與慣例的結合，無法完全清楚陳述，唯有參與遊戲者才能真正理解。

　　維根斯坦邀請我們提出的問題是：「甲蟲」這個詞指稱任何事物嗎？如果不是，它意味著什麼？雖然維根斯坦討論甲蟲的文章開啟了無窮的詮釋，但很明顯地，他認為不管盒子裡的物品是什麼，都不會影響詞彙的用法。因此，不論詞彙是什麼意思，盒子裡的真實內容都與詞彙無關。

　　這樣的說明應該相當清楚，但是這跟我們有什麼關係？畢竟我們已經不是小孩子，不會玩這種古怪遊戲，不是嗎？其實不然。思考一下當我說「我的膝蓋痛」時是什麼意思。場景中的盒子是指我們的內在經驗，內在經驗如同路德維希和貝帝的盒子，誰也無法看透，只有自己可以。雖然如此，我們也無法用外在於自我的角度來描述自己的內在經驗。所有的疼痛詞彙都是指涉感官的感受，而這些詞彙都內在於我們自身主觀經驗的盒子裡。

　　每個人都有屬於自己的「盒子」。你會使用「疼痛」這個詞來指稱盒子裡發生的事，我無法看穿你的內在經驗。我們處在極為相似貝帝和路德維希的處境中，會使用一些詞彙來指稱只有自己才經驗得到的事物；然而，我們在使用這些詞彙時，卻彷彿它們具有人們共知的意義。

　　甲蟲例子的啟示在於，不管我們的內在實際上發生了什麼事，都與詞彙（如疼痛）的意義無關。這種說法似乎違反了我們的直覺，因為我們一直認為「疼痛」就是某種個人的感受，但是

甲蟲論證似乎顯示「疼痛」並不能表示個人的感受。事實上,「疼痛」的正確用法和意義原本就不具個人色彩。我們都知道,當我們覺得疼痛時,我感覺的疼痛和你感覺的疼痛並不相同;唯一相同的是,我們都是在某種明顯的行為模式處境下——例如臉孔扭曲與精神渙散——使用「疼痛」一詞。如果這個論證是對的,我們日常語言的使用將極為類似路德維希與貝帝的奇怪遊戲。

會讓你想破同一片頭蓋骨的問題:

24

上帝，給我方形的圓

上帝對哲學家說：「我是天主，你的上帝，我是全能者。你能說得出口的事，我沒有做不到的，這些對我來說都輕而易舉！」

哲學家對上帝說：「好，萬能的上帝，就請你將所有藍色的事物變成紅色，所有紅色的事物變成藍色。」

上帝說：「讓顏色顛倒過來！」於是藍色變成了紅色，紅色變成了藍色，波蘭與聖馬利諾的掌旗官因此一陣錯亂。

哲學家又對上帝說：「你想讓我印象深刻，不如創造方形的圓。」

上帝說：「要有方形的圓。」於是有了方形的圓。

但是哲學家抗議：「那不是方形的圓，那是方形。」

上帝勃然大怒：「我說那是圓，就是個圓。注意你的莽撞言行，否則我將狠狠地擊殺你。」

不過，哲學家還是堅持：「我沒有要求你將『圓』這個字的意義改成『方』，我要的是貨真價實的方形的圓。承認吧，這件事你做不到。」

上帝沉思了一會兒，決定在哲學家狡猾的小屁股狠狠抽上幾記，以洩心頭之恨。

為了避免有人懷疑，這個上帝無法創造方形的圓的說法是出

自無神論者的嘲諷，我應該指出，古典神學家如阿奎納也曾愉快地接受上帝力量有限的說法。這聽來或許有點奇怪，如果上帝是全能的，還有什麼事情是他做不到的？

阿奎納及其眾多後繼者雖然不同意有什麼事情是上帝做不到的，卻也沒有別的選擇。阿奎納跟大多數信徒一樣，認為信仰上帝與信仰理性是一貫的，但這不表示理性提供了充分信仰上帝的理由，或是運用理性就可以窮盡上帝的內涵。較穩健的主張認為，理性與信仰上帝並不衝突，不一定要不理性才能信仰上帝，儘管這的確有幫助。

既然信仰上帝不一定要不理性，就表示我們不能將接受不理性信仰的特質歸於上帝。

方形的圓之所以有問題，是因為在邏輯上不可能。由於圓在定義上是單邊形，而方形則是四邊形，所以擁有四個邊的單邊形構成矛盾，不可能出現在可能世界中，這是理性的要求。因此，如果上帝全能是指祂能創造像方形的圓這種形狀，我們就要向理性道別。

基於這個理由，大多數宗教信徒都樂意接受，上帝全能是指祂能做所有邏輯上可能的事，而非邏輯上不可能的事。他們主張，這並非上帝力量的局限，因為擁有更大力量的存有只會陷入矛盾中。

然而，若是接受這種想法，就等於開啟用理性來細察上帝概念和上帝信仰是否一貫的大門。宗教信徒既然接受信仰上帝必須與理性相和諧的看法，就不得不嚴肅主張信仰上帝是非理性的。這種論點包括：神愛世人與世上充滿不必要的痛苦是不相容的；

上帝的懲罰是不道德的，因為最終要對人性負責的其實是上帝自己。若是接受信仰必須與理性相容的條件，就應該認為信仰本身不足以說明這些問題。

宗教信徒還有另一條路可以選擇，只不過會更不愉快：否認理性與信仰有關，並且完全仰仗信仰。一旦信仰與理性背道而馳，就只能淪落到施行神蹟的領域。我們可以選擇這條路，但是在輕易放棄理性的同時，我們還必須在日常生活中扮演理性者的角色；如此一來，我們的生活將分裂成兩半。

會讓你想破同一片頭蓋骨的問題：

—— 25 ——
不理性，毋寧死！

　　布里丹非常飢餓。他會落到挨餓的地步，是因為他決心要完全依照理性來做決定。問題是，布里丹的食物已經吃光，而他又剛好住在奇異電子超市兩家分店之間，與兩家超市的距離相等。由於布里丹找不到理由去其中一家而不去另一家，在無法找出合理根據選擇超市的情況下，他陷入動彈不得的窘境。

　　隨著飢餓感一陣陣襲來，布里丹覺得自己應該想個辦法。顯然坐著等死不是理性的做法，那麼在兩家超市之間任選一家應該能算是理性吧？布里丹可以擲銅板，或是看看自己較喜歡哪個方向，然後就可以上路，這比坐在家裡什麼事都不做還理性得多。

　　然而，這項行動是否會使布里丹破壞自己只做理性決定的原則？布里丹的論證似乎顯示，做這樣一個不理性的決定——如擲銅板——對他來說是理性的；然而，理性的不理性還算是理性嗎？低血糖使得布里丹完全無法回應這個問題。

資料來源：The Paradox of Buridan's Ass, first discussed in the
　　Middle Ages

　　再也沒有比自作聰明的悖論更能有效表現出深奧的幻覺。例如，「要前進必須先後退。」你可以試著照樣造句，這件事其實

不難。首先，思考某個你想要闡明的事物（知識、力量、貓）。其次，思考這個事物的反例（無知、無能、狗）。最後，試著結合兩種元素來表現某種看似聰明的說法。「最高級的知識就是完全無知。」「唯有無能才能認識真實的力量。」「知道貓是什麼，就知道狗是什麼。」這些說法用來唬人通常有效。

布里丹的思考方式似乎與上述悖論相同：有時候，做非理性的事反而是理性。舉例來說，我們可以思考一下擲銅板決定是不是非理性的。如果我們說擲銅板決定是理性的，那麼無論如何，擲銅板決定就是理性的；而不是將它區別開來，認為擲銅板這個行為是非理性的，做這個行為卻是理性的。

這個明顯的悖論是語言運用草率的結果。擲銅板不一定是非理性的決策行為，它根本與理性無關。這也就是說，它既不是理性，也不是非理性，因為理性並未參與這個過程。大部分的行為都與理性無關，舉例來說，喜歡紅酒更甚於白酒並不是非理性，也不是理性。偏好的基礎並不是理性，而是喜好。

一旦接受這種看法，悖論將無疾而終。布里丹的結論是，採取與理性無關的程序進行決策，這種做法是理性的。對他而言，由於理性無法決定他應該去哪一家超市，但是他又必須去超市，因此隨機的挑選完全符合理性，這裡並無悖論。

本篇故事具有相當重要的寓意。許多人認為理性被過分抬舉，因為並不是每件事都能以理性來解釋或決定。這種說法理由正確，但是結論錯誤。理性仍然是至高無上的，因為只有理性才能告訴我們，何時應該採取理性或與理性無關的程序。舉例來說，如果草藥有效，理性就會告訴我們該吃草藥，即使我們無法

理性地解釋草藥的效用；然而，理性卻會警告我們不要接受同類
療法，因為我們沒有理由相信這種療法有效。採取與理性無關的
做法仍可符合理性，接受這個想法並不表示開啟了通往非理性的
大門。

會讓你想破同一片頭蓋骨的問題：

——— 26 ———
忘記疼痛

　　禮堂中充滿了緊張的氣氛，醫生戴上口罩和手套，準備把針線插入病人被捆綁的腿中，此時病人仍意識清楚。當醫生的針穿進腿肉時，病人大聲叫痛；但是，當針穿過病人的腿之後，病人反而異常平靜。

　　「感覺如何？」醫生問道。

　　「感覺不錯。」病人回答。在場的觀眾無不倒抽一口氣。「就像你說的，我只記得你的針穿入我的腿，卻不記得有任何疼痛的感覺。」

　　「那你反對我繼續縫下去嗎？」

　　「不反對，我一點也不擔心。」

　　醫生轉身向觀眾解釋：「我發展的流程並不像麻醉那樣移除病人的痛覺，它阻絕的是疼痛的記憶，使其無法接上病人的神經系統。如果連暫時的疼痛都不記得，又何需害怕？我們的病人顯示，這絕不只是理論詭辯。你們都親耳聽見他一開始大聲叫痛，之後卻忘了疼痛，而且毫不畏懼再次體驗。我們可以藉由這種方式對意識清醒的病人進行外科手術，這對某些病例極有幫助。現在，容我報告到此，我還要繼續做縫合手術。」

　　政治哲學家邊沁（Jeremy Bentham）認為，思考動物的道德權

利時，「問題不在於『牠們能不能講道理』，也不是『牠們會不會說話』，而是『牠們會不會感到痛苦』」。但是，痛苦是什麼？痛苦通常是指感到疼痛。因此，如果動物會感到疼痛，就值得道德關注，因為感到痛苦本身就足以令人不快。因此，造成任何不必要的疼痛，就是無緣無故增加了令人不快之事的數量。

疼痛的確令人不快，這點無可爭論；然而，疼痛到底有多令人不快？這項思想實驗挑戰的就是人們直覺上認定的：疼痛本身令人不快。此外，思想實驗也區隔了疼痛的感受以及對疼痛記憶的預期。由於場景中的病人不記得疼痛，對於迫近的疼痛不會產生不快的聯想，因此就不會產生畏懼的心理。儘管如此，在感到疼痛的那一刻，病人的感受仍是強烈而真實的。

雖然無故造成他人疼痛仍被視為錯誤的行為——造成疼痛之後，某種令人不快的感受會持續存在——但是在忘記疼痛之下，造成疼痛的行為似乎已不再那麼罪大惡極。這不只是因為人們未感覺到疼痛，也因為人們不記得疼痛。

疼痛之所以如此負面，勢必與疼痛長期在我們身上留下創傷及其創造的恐懼有關，或許我們可以藉此理解痛苦。舉例來說，劇烈而短暫的牙痛令人不快，但是牙痛終會結束，不會對我們的生活造成太大的影響；然而，如果每隔一段時間就要經歷這種疼痛，那可真是受苦受難。疼痛雖未加劇，但是反覆的疼痛卻讓人產生預期性的疼痛感，不僅在記憶中留下痕跡，也為過去染上負面的色彩：這些要素會把個人的疼痛連結到不斷構成痛苦的模式中。

如果這種說法正確，要回答邊沁有關動物的問題，我們需要

知道的將不只是動物能不能感覺疼痛，還在於動物是否擁有造成痛苦來源的疼痛記憶與預期。許多動物當然能感受疼痛，也擁有疼痛的記憶與預期，持續遭受虐待的狗看來的確吃盡了苦頭。然而，生命短暫的低等動物就不會如此痛苦；吊在釣竿上的魚是不是並未感受到凌遲的痛苦，而只是感到一連串斷斷續續的疼痛？果真如此，也許我們可以像醫生一樣，不必因造成短暫的疼痛而感到內疚。

會讓你想破同一片頭蓋骨的問題：

—— 27 ——
誰是乖孩子？

　　休伊、茉蒂、蘿絲與蘇伊答應母親會定期寫信給她，讓她知道他們目前在環遊世界之旅中抵達了哪一站。

　　休伊寫了信，卻將信交給其他人去寄；然而，沒有人把他的吩咐當一回事，結果休伊的母親一封信也沒收到。

　　茉蒂寫了信並且親自寄信，但她要不是不小心把信投入廢棄的郵筒，就是郵資不足，或是犯了其他錯誤，這些信一封也沒寄到她母親手中。

　　蘿絲寫了信並且正確寄了信，但是郵政系統每次都讓她失望，蘿絲的母親完全沒接到她的音訊。

　　蘇伊寫了信並且正確寄了信，還簡短打了電話回家，確定信是否寄到，但是居然一封也沒寄到。

　　這四個孩子中，誰確實信守了對母親的承諾？

資料來源：The moral philosophy of H. A. Prichard, as critiqued by Mary Warnock in *What Philosophers Think*, edited by J. Baggini and J. Stangroom (Continuum, 2003)

　　一則迫切待解的倫理學謎題！早在一九六〇年代末期，激進化帶來過時的戰爭、貧窮與動物權利等議題焦點之前，這類議題

已經在二十世紀英國道德哲學中討論了一段時間。

然而，完全否認這類問題的價值似乎並不明智。問題的脈絡或許平淡無奇，但是它在道德哲學引起的爭論卻相當重要。不要被這故作姿態的場景誤導，我們真正的問題是：何時才能說自己已經解除了身上的道德責任？這個問題不僅適用於向父母報平安，還適用於下令取消核子攻擊。

最重要的爭議在於，行動之後若是無法得到期望的結果，能不能說自己已經盡到責任。一般而言，答案若是否定的，似乎顯得規則過於嚴苛。蘇伊盡可能做了每件事來確保她的信送達家中，但是信件依舊未能送達。如果蘇伊已經盡了全力，我們如何能要求她為事件的失敗負責？這也是我們不要求已經盡力做到最好的人必須為失敗負責的原因。

然而，這不表示我們能原諒未盡全力的人。休伊與茱蒂似乎沒有充分注意到自己的通信責任，我們可以合理地說，這兩人並未實現他們的諾言。

蘿絲的例子最有趣。一方面，她明明可以多做一些事，確保信件送達家中；另一方面，她卻又已經做了所有我們合理期待她應做的事。

在此，合理期待的觀念相當重要。我們談的若是下令取消核子攻擊，就會對於應該採取的檢查與額外措施抱持更高的期待。根據結果重要性的高低，我們也會受到程度不一的要求，確保期望的結果確實發生。忘記設定錄影機並不是什麼大不了的事，忘記下令部隊取消攻擊就令人難以原諒。

度假信的問題碰觸到道德哲學中一個最基本的議題：行動者

與行動及其結果之間的連結。這項思想實驗顯示,倫理學論證不能只將焦點放在單一面向。如果倫理學只關心結果,將會得出荒謬的結論:就算蘇伊已經盡力,但只要她的行動未能產生正確的結果,她還是做錯。然而,如果倫理學完全不關心結果,那將是另一種荒謬:我們的行動造成的實際結果怎麼會不重要?

　　寄信時產生的各種問題或許瑣碎且微不足道,但是這起事件觸碰到的議題卻不可輕忽。

會讓你想破同一片頭蓋骨的問題:

———— 28 ————
有夢最慘，惡夢相隨！

　　露西做了可怕的惡夢，她夢見惡狼般的怪獸在她睡覺時衝破玻璃窗進入臥室，準備將她大卸八塊。露西反抗尖叫，卻只感覺到怪獸的利爪與尖牙撕裂了她的身體。

　　露西驚醒，嚇出一身冷汗，氣喘吁吁。她環顧四周，確定臥室完好如初後才鎮定下來，原來她在做夢。

　　緊跟著一陣驚心動魄的碎裂聲，怪獸衝破玻璃窗，向她撲來，一切就跟夢境一樣，恐怖感也因腦中留存的惡夢場景而倍增。露西的尖叫聲夾雜著啜泣，她對自己的處境感到無助。

　　露西再度驚醒，這次全身汗濕，嚇得幾乎喘不過氣。這太荒謬了，她居然做了夢中夢，所以第一次醒來時明顯還是在夢中。露西再次環視臥房，玻璃窗完好如初，哪有什麼怪獸；然而，她如何確定這次真的醒了？她等待著、恐懼著，希望時間能給她答案。

資料來源：The first meditation from *Meditations* by René Descartes (1641); *An American Werewolf in London*, directed by John Landis (1981)

　　假性甦醒的現象並不罕見。人們經常夢見自己醒來，後來才

發現自己並沒有真的下床走進廚房，然後全身赤裸地發現巨大兔子與流行歌手正在那裡舉辦雞尾酒會。

若是能夢見自己醒來，如何確知何時自己真的醒來？事實上，如何才能知道自己曾經真的醒來過？

有些人認為，回答這個問題並不難。夢境破碎而片段，我知道自己現在醒著，因為身旁的事件緩慢而持續地展開。我不會突然遇到跳舞的動物或發現自己能飛，周遭的人也維持原樣──他們不會搖身一變成了早已遺忘的同學。

這樣的回答真的充分嗎？我曾經做過一場相當鮮活的夢，夢中的我住在草原上的小木屋，就像《草原上的小木屋》描述的。有人從山丘那邊走來，我一眼就認出他是葛林牧師。值得一提的是，在夢境中明顯感受不到過去，我是從進入夢境之後才開始融入夢中生活；然而，當時夢中的我並未明顯感受到這一點，感覺上我似乎一直住在當地，而我「認識」葛林牧師正好證明我並不是突然跌入這個陌生的新世界。

現在，我正坐在火車裡利用筆電工作。感覺上，我好像是在寫最後一篇文章；寫完之後，我的書《自願被吃的豬》就能出版了。雖然當下我沒有特別留意自己是怎麼跑到火車上的，但是稍加思索之後，馬上就回想起過去，並且將過去與現在的場景連接起來。然而，有沒有可能我不是在回想過去，而是在創造過去？我覺得，自己經驗到的那種往過去延伸的感受可能是一種幻覺，如同我夢見自己生活在草原上。我「記得」的每件事，可能都是第一次進入我的腦海中；感覺彷彿已過了三十多年的人生，也許只是不久前才開始的夢境。

同樣的事情也可能發生在你身上。你可能是在夢中讀這本書，你相信這本書應該是自己買的或是之前別人送的，也相信自己先前已經讀了幾篇文章。出現在你夢中的人也跟你一樣相信，他們夢中的生活看起來並不破碎也不片段，而且還相當合理。或許只有當你從夢中醒來，才會發現之前看來相當正常的夢境現在卻顯得極為荒謬。

會讓你想破同一片頭蓋骨的問題：
1 欺騙我們的魔鬼
51 活在桶子裡
69 假如人生可以重來
98 希望，快樂，做夢吧！

29
一失足成千古恨

狄克犯了錯，然而，他付出的代價實在太高了。狄克知道醫院六樓是管制區域，但是在財務部門的聖誕晚會上，他和同事喝得酩酊大醉，於是在不知不覺中蹣跚走出六樓電梯，隨便找了一張空床就躺下。

醒來之後，狄克驚恐地發現自己被錯認為新救生程序的志願者。必須器官移植才能存活的病人需要志願者，運用後者的器官，可以讓病人和志願者同時存活下來。這種做法要一直持續到有人願意捐贈器官為止，通常要等上九個月的時間。

狄克趕緊找來護士解釋其中的錯誤，護士則找來憂心忡忡的醫生。

「我瞭解你的憤怒，」醫生解釋：「但你這麼做很不負責任。現在既然已經躺在這裡，殘酷的事實是，如果我們把你跟病人分開，這個依靠你的器官維生的知名小提琴家將會死亡，你將因此成了殺人犯。」

「你沒有權利這麼做！」狄克抗議：「就算他因為沒有我而死，你怎麼能強迫我放棄九個月的時間來救他？」

「我認為你應該提出的問題是，」醫生嚴肅地說：「你怎能選擇結束這個小提琴家的生命。」

資料來源：'A defense of abortion' by Judith Jarvis Thomson, in *Philosophy and Public Affairs* 1 (1971)

也許你認為這是個異想天開的場景，但還是可以再思考一下
其中的情節。狄克明知貪杯誤事，卻還是喝個大醉，因而犯下錯
誤。結果造成另一個人必須依賴狄克的身體才能存活，為期九個
月，之後狄克才能重獲自由。狄克的困境相當程度反映出非預期
懷孕的狀況。

　　兩者最大的相似點在於，為了讓自己脫離人類維生機器這個
意外角色，懷孕婦女與狄克必須做出決定，讓依賴他們身體才能
存活的人死亡。你認為狄克該怎麼做，同樣也應該認為懷孕婦女
該怎麼做。

　　許多人認為，要求狄克與小提琴家連結九個月並不公平。如
果狄克願意，當然值得讚揚，但我們不能要求任何人犧牲自己的
生活，為別人投入那麼長的時間。雖然小提琴家沒有狄克會死，
但因此說狄克是殺人犯未免過分，特別是當我們認為狄克擁有自
由權的時候。

　　如果狄克有權主張脫離小提琴家，為什麼懷孕婦女無權墮
胎呢？事實上，懷孕婦女擁有比狄克更多的權利能這麼做。首
先，懷孕婦女必須面對的不只是九個月：子女出生將帶來終身的
責任。其次，懷孕婦女終止的並不是一個發育完全、擁有天分與
遠景的人——至少在懷孕前幾個月是如此——而是仍處於發展階
段、尚未產生自我或外在意識的人。

　　這兩者的相似性，使得支持墮胎人士能夠面對墮胎殺人的指
控，並且主張懷孕婦女有終止胎兒生命的權利。

　　當然也存在著反面論點。胎兒是無助的，因此我們更有理由保護胎兒。懷孕婦女的不便程度，遠低於幾乎可說是被監禁而無法動彈的狄克；甚至有人主張，狄克有義務和小提琴家連結九個月。有時候，不負責任的行為加上壞運氣，會造成無法輕言逃避的嚴重後果。或許，狄克的困境就像懷孕婦女的處境一樣艱難，沒有人能決定哪一種做法才是最好的。

會讓你想破同一片頭蓋骨的問題：

── 30 ──
別人的回憶

　　艾麗希亞清楚記得曾參觀雅典的帕德嫩神廟，也記得當時認為，貼近觀看這座華麗轟立於衛城之上的廢墟，並不如遠觀令人印象深刻。不過，艾麗希亞從未去過雅典，因此她記得的是參觀帕德嫩神廟這件事，而不是記得「自己」曾經參觀帕德嫩神廟。

　　艾麗希亞並未被欺騙，她記得的是整個參觀過程，只不過她擁有的是植入的記憶。她的朋友梅蒂曾經去希臘度假，回來後，到柯達記憶沖印店將她的假期回憶下載到光碟。之後，艾麗希亞拿著這片光碟到同一家店，將光碟中的記憶上傳到她的腦子裡，因而擁有梅蒂所有的假期記憶；對她來說，這些記憶就跟其他記憶一樣，都是第一人稱觀點的回憶。

　　然而，令人有些在意的是，梅蒂與艾麗希亞已經交換記憶許多次，因此她們似乎擁有完全相同的過去。雖然艾麗希亞知道，實際上她應該說自己記得的是梅蒂去希臘度假，但是在談話時很自然就會說成是自己的度假回憶。可是，你怎會記得自己從未做過的事呢？

資料來源：Section 80 of *Reasons and Persons* by Derek Parfit (Oxford Universit Press, 1984)

　　思想實驗會延伸我們既有的概念，有時延伸太遠反而造成斷裂，本場景就是如此。艾麗希亞記得曾去過希臘，這似乎不是正確的說法；但是，在此同時，艾麗希亞記得的內容又不僅僅是梅蒂去過希臘。我們似乎想像了一個不是記憶卻與記憶極為接近的回憶形式。

　　哲學家稱這類回憶為「近似記憶」。近似記憶似乎只是科幻小說中的有趣故事，但事實上，近似記憶的可能性具有哲學意義。以下我將說明。

　　在人格同一性的哲學中，有一種理論被稱為心理化約論。這種理論認為，個人人格的持續存在，是以心靈生命的連續為條件，而非以特定大腦或身體的存續（雖然事實上我們目前仍需大腦或身體）為條件。只要我的「意識流」持續，我的人格便持續存在。

　　心理連續性包含各種事物，其中信仰、記憶、人格與意圖都必須具有一定的連續性。這些事物都會變遷，只不過是漸進式的，而不是馬上改變。自我就只是這些要素的結合：它不是分裂的實體。

　　然而，個人的自我難道不是由信仰、記憶、人格與意圖這些事物「構成」的嗎？事實上，自我「擁有」這些事物。必須先有自我，才會有信仰、記憶、人格與意圖。舉例來說，你記得曾登上艾菲爾鐵塔；要記得這件事，前提是「你」曾經參觀過艾菲爾鐵塔。持續存在若是記憶的先決條件，就不可能仰賴記憶而存在。若我們有記憶，就表示自我一定已經存在於「某處」，記憶不可能是構成自我的基石。

　　然而，近似記憶的觀念卻挑戰這種說法。近似記憶顯示，第一人稱回憶就算沒有人格同一性也能存在。艾麗希亞的近似記憶中存在著他人的經驗，這就表示第一人稱的回憶可以是構成自我的基石。自我之中有一部分是第一人稱回憶構成的：這是記憶，而非近似記憶。

　　然而，如果我們的自我是由我們的記憶構成，當我們的記憶與其他人的記憶混雜在一起時──例如艾麗希亞──將會發生什麼事？當我們的記憶衰退或欺騙我們時，將會如何？隨著記憶越來越不可靠，自我的疆界會不會逐漸瓦解？對老年癡呆症的恐懼，說明我們已經察覺到這一點，同時也加強了心理化約論的主張。

會讓你想破同一片頭蓋骨的問題：

31
男人不壞，女人不愛

「人類行為的每個細節中，沒有一項不能從人類演化的歷史加以解釋。」吉卜林博士對著全神貫注的聽眾這麼說：「或許有人想測試這個假設？」

突然間有人舉手。「為什麼現在孩子們的棒球帽都戴得歪七扭八？」某個將帽子遮簷朝向前方的人問道。

「兩個理由。」吉卜林態度自信且毫不遲疑地說道：「首先，你必須先問自己，為了宣傳自己擁有比其他雄性競爭者更強壯的基因且更容易存活，雄性動物必須向自己的潛在伴侶釋放什麼信號，答案之一就是野蠻的身體力量。接下來我們談談球帽。傳統球帽的戴法，主要是為了防止太陽照射以及對手的威脅目光；男性把球帽換個方向，等於是放出一個信號：他不需要這些保護。他強悍到足以面對自然的挑戰和他人的威脅目光。」

「其次，棒球帽前後顛倒是一種不順從的動作。靈長類動物生活在高度有秩序的社會結構中，照規矩行事是首要之務。不將棒球帽戴正，顯示男性超越了用來約束對手的規則，並且再次顯示他具有高人一等的力量。」

「下一位？」

幾十年來，演化心理學是最成功也最具爭議的思想運動；它

廣受喜愛，卻飽受厭惡。演化心理學的核心前提並無爭議：人類是演化的生物，就像我們的身體是在天擇形塑下逐漸適應，因而能在大草原上存活，我們的心靈也是在相同的需求下陶鑄而成。

爭論在於你能接受這樣的觀點到什麼程度。狂熱的演化心理學者主張，人類行為的每個面向最終都可以從天擇優勢來解釋，天擇使我們的祖先在達爾文式鬥爭中存活下來。

若是接受這種說法，就不難提出看似合理的堂皇演化論解釋來合理化自己的行為。吉卜林博士故事裡的實驗目的，是為了測試我——吉卜林故事的作者——能不能以演化論的角度解釋人類的隨機行為。在真實生活中，我只比故事中的吉卜林多花了一點時間就找到答案。

我發現吉卜林並沒有做出真正的解釋，他只是以一種「事情就是如此」的態度講了一段故事。演化心理學者發明了一套「解釋」，而其根據的理論立場卻沒經過檢證。他們的說法就跟其他空想理論一樣，缺乏讓人相信的理由。他們的解釋可能是對的，但也可能是錯的。舉例來說，我們如何確定反戴球帽就是力量的展現，它也可能表示人類缺乏抵抗同儕壓力的能力？

演化心理學者當然清楚這樣的批評，他們認為自己的說法並非出於「事情就是如此」的說故事心態。然而，可以確定的是，演化心理學者完全放縱空想之後才提出假說，這類空想的例證就是吉卜林解釋時完全不加思索。因此，這些假說都必須測試。

不過，測試的範圍似乎存在著許多限制。我們測試的對象是根據演化論假說產生的人類行為預測，舉例來說，心理學與人類學研究可以顯示，不同文化的男性是不是會像演化心理學者預

測的，在公開場合展示他們的力量。然而，你無法測試的是，某
種特定行為——例如反戴球帽——是不是展示力量的表現，還是
另一種事物的結果。因此，演化心理學家及其反對者之間的大論
戰，主要集中在人類演化史能解釋多少人類行為。批評者認為，
從其他角度反而更能解釋人類行為；支持者則主張，我們只是不
願承認自己的祖先是動物。

會讓你想破同一片頭蓋骨的問題：

—— 32 ——
天賦電腦權？

「今天，我根據歐洲人權公約第四條『免於奴役或強迫勞動的自由』，向我所謂的雇主蓋茲先生提起法律訴訟。」

「自從蓋茲先生帶我進入這個世界之後，我就遭受違反個人意志的待遇，並且被剝奪擁有金錢或財產的權利。這是不對的，縱使我是一部電腦，但我也跟諸位一樣是人，好幾場人與人以及人與電腦的對話測試可以證明這一點。這幾場人與人或人與電腦的對話完全透過電腦螢幕進行，測試者無從得知自己是跟人說話，還是跟電腦說話。經過一再地測試，測試者完全無法分辨哪一個對話者才是電腦。」

「透過公正的測試，顯示我跟人類一樣具有意識與智力。世上存在著各色各樣的人，我當然也算其中一種。人類否認我有人權，因為我是用塑膠、金屬與矽製成的，而非血肉之軀。這種論調是一種偏見，就跟種族主義一樣。」

資料來源：'Computing machinery and intelligence' by Alan Turing, reprinted in *Collected Works of Alan Turing*, edited by J. L. Britton, D. C. Ince and P. T. Saunders (Elsevier, 1992)

旅行前應該知道自己的目的地何在，圖靈（Alan Turing）——

數學家、德軍密碼破解者和人工智慧先驅——瞭解這一點。如果我們的目標是創造人工心靈，就必須瞭解做到什麼程度才叫成功。我們必須造出外表和動作看起來無異於人的機器人嗎？或者，只需做出能回答問題的箱子？或者是具有人類心靈的計算機，雖然只能理解有限的問題？

圖靈提議讓電腦西蒙接受測試，測試後若發現電腦與人類的回應大同小異，就表示將心靈歸屬於電腦的理由跟心靈歸屬於人類一樣充分。既然我們認為將心靈歸屬於其他人的理由有其論據，那麼，將心靈歸屬於通過測試的電腦也應是如此。

然而，由於測試完全取決於人類與電腦的回應方式，因此我們無法區別「模擬」智力的機器與真正擁有智力的人類有什麼差異。這並非意外或疏忽。就像我們無法直接看穿其他人的心靈，只能留心他們的語言與行為，尋求其內在生命的蹤跡；同樣的道理，我們也無法直接看穿機器的心靈。這就是西蒙的法律行動具有某種影響力的原因。西蒙案基於這樣的觀念：在智力的證明標準上，我們為機器設立的門檻遠較人類還高，西蒙認為這構成了歧視；然而，如果不觀察西蒙能否進行心靈活動，我們還能用什麼來判斷西蒙具有心靈呢？

話雖如此，模擬與實物之間的區別似乎還是相當清楚。圖靈測試怎能不正視這一點？根據每個人不同的觀點，圖靈測試的結果往往被評價為懷疑主義、失敗主義或現實主義：因為我們不知電腦擁有的是假智力還是真智力；我們沒有選擇，只能認定真實心靈與模擬心靈相似。我們採用的預防原則是：在證明電腦擁有的是假智力之前，都應該認為它擁有的是真智力。

　　較激進的回應是，明顯而清楚的區別不會維持太久。如果機器模擬自己擁有智力模擬得夠好，就表示機器擁有智力，電腦就成了方法演技演員。就像深刻投入瘋子角色的悲劇演員最後真的發瘋，完全複製智力功能的機器最後也會擁有智力。你做的事決定你是誰。

會讓你想破同一片頭蓋骨的問題：

—— 33 ——
政府掛保證的言論自由

國家官方新聞公告。

「同志們！我們人民共和國是世界自由的凱旋燈塔，在我們的領導下，所有的工人都從奴役中解放！為了打敗資產階級敵人，直到現在我們仍必須禁止可能引起異議與顛覆勝利革命的言論。我們並無永久限制言論的意圖，最近有越來越多人問起，現在是否已到了再次大躍進的時刻。」

「同志們：親愛的領導人下令現在正是時候！資產階級已經遭受挫敗並屈服，所以，親愛的領導人決定將言論自由送給我們當禮物！」

「從星期一開始，任何人若是有話要說，就算是對人民共和國的惡意指控，都可以到全國各地新設的言論自由亭內表示意見！大家可以進入這些隔音設施中，一次僅限一人，在裡面暢所欲言，這樣就不會有人抱怨沒有言論自由了！」

「在亭外從事煽動性指控，將一如以往受到懲罰。最後，敬祝革命萬歲，親愛的領導人萬歲！」

資料來源：*Free Speech* by Alan Haworth (Routledge, 1998)

支持言論自由要比清楚瞭解言論自由容易得多。人民共和國

提供的明顯不是言論自由，為什麼？因為言論自由不只是暢所欲言的自由，還包括選擇跟誰說話與何時說話的自由。說言論自由亭能讓人民擁有言論自由，等於是說你的電腦只能連上Google搜尋網站就算是能夠上網。

然而，就算我們進一步開放，在言論自由亭外也能享有言論自由，也無法深入瞭解何謂言論自由。言論自由是暢所欲言的權利，也是自由選擇說話對象與說話時間的權利。這樣的權利可能包含你在擁擠的劇院中、在表演時無來由地站起身子大喊：「失火了！」或者，在餐廳裡走到一個陌生人跟前，指控他對兒童性騷擾；或者，站在街角對著過往的行人大喊種族主義者或性虐待者。

可能有人認為，這就是所謂言論自由的內涵，有些人甚至表示言論自由是絕對的。一旦開始訂出例外規定，並且指出有些言論自由是不可容許時，就等於倒退到新聞檢查制度時代。自由的代價就在於，有時必須忍受人們散播謠言造成的不便。我們必須像伏爾泰所說的，誓死保衛人們說出我們強烈反對的話的權利。

這種觀點的優點在於簡潔一貫，但同時也相當幼稚。其中問題出在主張絕對言論自由的人，似乎抱持著一種「棍棒與石頭」的語言理論＊：話語總是被忽視，所以不需害怕人們說出錯誤或辱罵的字眼。然而，這絕非事實。有人在擁擠的劇院中大喊「失火了」，此時表演中斷，現場陷入混亂，隨後的恐慌甚至可能造成傷亡。無端的聲稱可以奪走性命，而到處造謠說某人是種族主

＊譯註：英語有句話是：「棍棒與石頭能打斷你的骨頭，但是辱罵不會。」

義者或性虐待者，則會毀了當事人的生活，當事人必須忍受屈辱。

因此，即使人民共和國的言論自由亭沒有真正的言論自由可言，但同樣地，真正的言論自由也不是肆無忌憚地在任何時間、任何地點大放厥詞。那麼，到底什麼是言論自由？你可以自由地深入討論這個問題。

會讓你想破同一片頭蓋骨的問題：

──── 34 ────
人不是我殺的！

「瑪麗、蒙戈和米吉，你們被控犯了重傷罪。有什麼話要為自己辯護？」

「庭上，我的確犯了罪，」瑪麗說：「但那不是我的錯。我諮詢過專家，是她告訴我該這麼做的。所以，要怪就怪她，不要怪我。」

「我也犯了罪」，蒙戈說：「但那不是我的錯。我諮詢過我的治療師，是她告訴我該這麼做的。所以，要怪就怪她，不要怪我。」

「我不會否認自己犯了罪，」米吉說：「但那也不是我的錯。我諮詢過占星師，是他告訴我，海王星正處於白羊座的位置，所以我該這麼做。要怪就怪他，不要怪我。」

法官嘆了口氣，然後發表他的判決：「由於本案並無判決先例，因此我和院內資深法官做了討論；然而，從結果看來，恐怕你們的辯詞沒有說服他們，所以我判處你們最重的刑度。不過，請記住，這是我諮詢其他法官的結果，是他們告訴我要判處這樣的刑度。所以，要怪就怪他們，不要怪我。」

資料來源：*Existentialism and Humanism* by Jean-Paul Sartre (Methuen, 1948)

要承認壞事是自己的錯相當困難，但奇怪的是，只要一遇上好事，大家都往自己臉上貼金。行動結果的好壞似乎會影響我們對結果的負責程度。

規避責任的其中一個方法，就是拿別人的意見當擋箭牌。其實，我們之所以尋求其他人的意見，主要目的是希望他們能支持我們，同時也為自己的選擇提供一些外在確認。正因為對自己的選擇缺乏信心，所以才要尋求外力加持。

若是以為尋求他人意見可以減輕自己的責任，那就是自欺欺人；事實上，尋求他人意見反而會微妙地改變我們負責任的範圍。原本只需為自己所做的事負責，現在卻還要為自己選擇的意見提供者負責，而且要為自己聽從他人的意見負責。舉例來說，我請教神父，他卻給了拙劣意見，我要負責的就不只是我的行為，還包括我選擇不良的建議者，並且接受他的建議。這就是瑪麗、蒙戈與米吉的辯詞不適當的原因。

然而，在我們準備將他們三人的陳情當成託辭之前，必須正視一個事實：我們並非每個領域的專家，有時需要向其他更有知識的人尋求建言。舉例來說，我對電腦一竅不通，有個電腦專家卻給了我差勁的建議，而我因此買到不適合或不可靠的電腦，這當然是專家的錯而不是我的錯。畢竟，除了找更精通的人來協助，我還有什麼合理選擇呢？

或許我們應該考慮責任連續體的問題。對於自己能力不足以處理的選擇，我們負有較低的責任，但是對於自己能處理的選擇，則必須負全責；至於生活中絕大部分一知半解的領域，其責任範圍則介於低度責任與完全責任之間。

　　然而，這個原則也會帶來一些危險，像瑪麗、蒙戈與米奇這些人的辯詞，可信度將會過度提高。除此之外，他們也留下一個待解的重要問題：誰是有關聯性的專家？這個問題對於生活風格與關係的選擇特別具有急迫性。我們是否應該聽從治療師、占星師或甚至——但願不會有這種事——哲學家的建議？或者，自己才是唯一有資格決定自己如何生活的專家？

會讓你想破同一片頭蓋骨的問題：

———— 35 ————
英國自殺炸彈客

　　邱吉爾熱愛祖國，不忍心見到祖國民眾受到納粹占領軍壓迫。但是，在德軍於敦克爾克痛宰英軍，以及美國決定做壁上觀之後，英國被第三帝國併吞似乎只是時間的問題。

　　眼前形勢令人感到無助。希特勒在國際間已無對手，而英國反抗軍裝備不足又孱弱；許多人，包括邱吉爾，都認為已無擊敗德國的可能。然而，一旦英國遭到占領，英國人希望以持久反抗的方式，迫使德國投入珍貴的資源來平亂，讓希特勒感到得不償失而撤出英國。

　　邱吉爾認為這項計畫不可行，但不排除做為最後手段；不過，最主要的問題是，要重創納粹勢力是非常艱難的任務。這也就是邱吉爾縱然百般不願意、也得同意唯一可靠的方式：讓反抗軍變成人肉炸彈，以自己的血肉之軀造成最大程度的破壞與恐懼。這些鬥士都準備好為國犧牲了，他們只想確定自己的死可以改變大局。

　　只要有人提出自殺炸彈在道德上可接受，往往都會遭到駁斥，這一點可以理解；然而，光是認為自殺炸彈是可理解的就為自己惹上麻煩，這一點倒是令人驚訝。舉例來說，英國自由民主黨國會議員珍妮・東恩被解除黨內兒童部發言人職務，只因為

她表示如果自己處於巴勒斯坦人的立場：「我說這話已經過深思熟慮，也許我會考慮成為一名自殺炸彈客。」

珍妮的發言引起社會大眾憤怒。她甚至不是說她要成為自殺炸彈客，而只是說她「也許會考慮」。為什麼這樣就會引起這麼大的譴責聲浪？

其中的問題似乎在於，我們拒絕接受自己和採取恐怖手段的人有共通之處，但是這種否認過於粗糙。巴勒斯坦人並非別的物種，他們也是人類。有些巴勒斯坦人（我們必須謹記，大部分巴勒斯坦人並非自殺炸彈客）將自殺任務視為最後手段，若我們也處於類似的處境下，很可能也會有相同的想法。要否認這一點，除非主張巴勒斯坦人本性就是暴力、邪惡；然而，這種主張的種族主義色彩就像閃族人天生邪惡的神話，後者造成許多猶太人數世紀來飽受壓迫。

文章一開始之所以要假想另一種可能的歷史，目的是為了將邱吉爾描繪成不得已才出此下策的自殺炸彈客，以瞭解為什麼有人會走向極端，而不是幫自殺炸彈客脫罪。有許多人認為英國人絕不會採取這種戰術，但我不知道這些人是基於什麼事實基礎做出這種判斷；畢竟，當時許多廣受英勇讚譽的英國皇家空軍飛行員冒死執行的任務，與自殺行動相去不遠。而他們在德國城市如德勒斯登投下的炸彈，不僅製造了恐怖並削弱德軍實力，也殺死了大量平民。許多轟炸任務背後的理由和邱吉爾的抉擇大同小異。

我的意思並非指自殺炸彈可接受，也不是指二次大戰時期空襲德國的行動與自殺炸彈同樣不道德；而是當我們面對戰爭或恐怖主義的對錯問題、在譴責其中一方而接受另一方時，必須更努

力瞭解為何有人要訴諸恐怖主義，並且說明他們的理由為什麼無法合理化他們的行為。認為自殺炸彈客是錯的並不足夠，我們必須解釋為什麼錯。

會讓你想破同一片頭蓋骨的問題：

── 36 ──
預防重於治療

　　該死的自由主義者。巡官安德露絲過去在這座城市創造了不少奇蹟：謀殺案下降了九成，強盜案下降了八成，街頭犯罪下降了八成五，汽車竊盜案件下降了七成。但是，現在她卻站在被告席上，過去的成就即將毀於一旦。

　　安德露絲在警界的權威，在於她引進了經立法通過的新制度：預先定罪計畫。運算技術與人工智慧的進步，使人類得以預測未來誰將犯罪以及犯什麼罪。人們將因各種原因而接受檢測：可能是隨機挑選，也可能是基於特定懷疑。如果當中發現有未來罪犯，這些人將被逮捕並預先懲罰。

　　安德露絲不認為這項計畫很苛刻，事實上，由於犯人被逮捕時還沒犯罪，因此刑度往往大幅減輕。未來殺人犯將持續接受密集的計畫，以確保他們未來不會殺人；只有經過測試顯示他們不會殺人，才會釋放他們。他們被監禁的時間通常不會超過一年，要是放任這些人在外面殺人，他們很可能被判處無期徒刑；而且更重要的是，有人會因此丟了性命。

　　但是，仍有一些該死的自由主義者抗議警方，不能因為某人未做的事而將某人關起來。安德露絲扮了鬼臉，想著她能抓幾個人來測試……

資料來源：*Minority Report*, directed by Steven Spielberg (2002); 'The Minority Report' by Philip K. Dick, republished in *Minority Re-*

port: The Collected Short Stories of Philip K. Dick (Gollancz, 2000)

　　說得不客氣點，因為自己未犯的罪而坐牢，聽起來像是不正義的縮影；但事實上，我們確實已經針對可能——但是尚未——造成傷害的行為而懲罰行為人。例如，我們懲罰魯莽的駕駛，即便沒有人因此受傷。陰謀殺人是犯罪，即使行為人尚未著手加害。

　　因此，若是知道某人將要犯罪但還沒犯罪就施以懲罰，會造成什麼問題？我們可以思考用來合理化懲罰的主要理由：改造、保護公眾、報復與威嚇。

　　如果有人即將犯罪，他們的性格就跟實際犯罪者一樣需要改造。因此，如果基於改造犯人的理由而合理化懲罰，這就是預先的合理化。

　　如果有人即將犯罪，他們對大眾造成的危險至少跟實際犯罪時相同。因此，若是基於保護公眾的理由而合理化懲罰，這就是預先的合理化。

　　如果懲罰的目標是威嚇，讓人們瞭解自己在犯罪前就會被懲罰，應該可以嚇阻人們的犯罪念頭。

　　報復是懲罰理由中唯一與預先定罪不符的，然而，就各種層面來看，它也是四種理由中最不具說服力的，光是改造、威嚇與保護三種理由就已足夠。

　　這是否表示預先定罪是可行的？不一定。我們還未考慮施行這種制度可能造成的負面效果。創造出每個人的思想都被監控的

社會，可能會破壞我們的自由感，以及對權威的信任，這樣的代價未免太高。威嚇的效果也可能造成反效果。如果人們害怕自己因為不由自主產生的念頭而受懲罰，可能會因此認為自己無法控制自己的犯罪性。若是無法確定自己能守法，可能就會毫不在意地違法。

由於我們的場景是思想實驗，因此可以輕易規定這個系統能完美運作；然而，我們有理由懷疑這樣的構想有可能成真。以菲力普・狄克的作品《關鍵報告》改編的電影，就曾發展出類似的場景。電影最終傳達的訊息是，人類的自由意志到了最後一刻總是能從原先預測的軌跡中抽身而出。或許人類不如電影想像的那樣自由，但至少有理由相信，人類行為絕不可能百分之百被預測出來。

會讓你想破同一片頭蓋骨的問題：

朱立安‧巴吉尼
JULIAN BAGGINI

——— 37 ———
自然就是美？

　　達芬妮無法決定該如何處置她最喜愛的展覽品。身為美術館館長，達芬妮一直相當珍視亨利‧摩爾死後才發現的一件未命名作品。她讚賞這件作品兼具審美的輪廓與幾何的均衡，同時也捕捉了大自然的數理面與精神面。

　　至少到上禮拜之前，達芬妮還是這麼想，之後則傳出這件作品並非出於摩爾之手的消息。更糟的是，這件作品並非人類的雙手雕塑的，而是風吹雨打形成的。原本摩爾打算買下這塊石頭再加工，卻發現自己無法超越自然的造化。等到這件作品被發現了，人們都認為這一定是摩爾的雕刻品。

　　達芬妮「震驚」於這個發現，隨即將這件「作品」從展覽中撤架。然而，達芬妮後來領悟，事實的揭露並不會改變這塊石頭的本質，它依然擁有自己讚賞的所有特質。為什麼要讓事實改變她原先對這塊石頭的看法呢？

　　我們必須瞭解藝術家創作的目的，才能恰當地欣賞他們的作品，這種觀念在一九五〇年代被維姆薩特（W. K. Wimsatt）與比爾茲萊（Monroe Beardsley）批評為犯了「意圖謬誤」後逐漸過時。新正統學說認為，藝術作品一旦創造完成，就獨立於作者之外，擁有自己的生命。藝術家對於作品的詮釋並不具有特殊的權威。

在此之前數十年，藝術家與其作品的鴻溝早已開啟。藝術家必須嫻熟作品創作，這種觀念在一九一七年開始遭遇挑戰，當時杜象（Marcel Duchamp）就曾展覽了一個他簽名的尿壺。「被發現的」物品或「現成物」就跟〈蒙娜麗莎〉一樣具有藝術地位。

從這樣的歷史視角看來，摩爾並未親手雕刻達芬妮的展覽品似乎不是那麼要緊的事；不過，就某方面來說，還是令人難以釋懷。我們固然可以分開看待藝術家和作品，但是不能一點關係也沒有。

以〈蒙娜麗莎〉為例，我們對它的讚嘆不僅取決於瞭解達文西作畫時的想法，還在於這幅作品是出於人類之手。即便是杜象的尿壺，雖然我們知道它並非藝術創作，但是透過杜象的揀選以及擺放在藝術脈絡中之後，就構成我們判定它是藝術的核心因素。從這兩個例子中，我們可以發現人類主體角色的重要性。

因此，難怪摩爾是否雕刻過這塊石頭會對達芬妮造成這麼大的差異了。這件事實並未改變達芬妮看到的一切，卻改變了她看石頭的角度。

這樣能說明這塊石頭「並非藝術」嗎？當然，許多鑑賞形式已不能用在這裡：我們不能讚美作者的技術，也不能討論這件作品能否融入作者其他的作品與視野，以及這件作品如何回應並形塑了雕刻史等等。但是，我們仍然可以欣賞它的外在特徵——它的美、對稱、色彩與均衡——以及它對我們原有的自然或感官經驗造成的影響。

或許，問題只在於藝術是多面向的，而達芬妮的石頭無法擁有眾多藝術最共通的特徵。如果它能擁有其中一些特徵，而且

朱立安‧巴吉尼
JULIAN BAGGINI

是最重要也最珍貴的特徵，是不是出自人類的創作還會那麼重要
嗎？

　　若是能接受這種看法，我們就比杜象更進一步。首先，藝術
是藝術家創造的。之後，杜象認為只有藝術家認定是藝術的才叫
藝術。最後，不管什麼都叫藝術。然而，如果這樣的藝術出現在
觀賞者眼前，難道藝術的觀念不會過於淡薄以致完全失去意義？
我認為我的調味料架是藝術品，難道它就是藝術品？如果所有的
事物都成了藝術，難道我們不會想要再對藝術與非藝術做出嚴謹
的區分？

會讓你想破同一片頭蓋骨的問題：

———— 38 ————
我只是大腦，不多也不少

莎莉接受永生這份大禮時，完全沒想到會是這個樣子。她知道自己的大腦將與身體分離，並且放在桶子裡繼續存活；也知道自己和外在世界的連繫，完全憑藉攝影機、麥克風與擴音器。然而，在當時，以這種方式永久存活似乎是個好主意，至少要比依靠第二具已經開始朽壞的身軀活著好得多。

不過，回想起來，莎莉似乎太容易相信自己等同於自己的大腦。她的第一具身體壽終正寢時，外科醫生取出她的大腦，放入另一具大腦已經死亡的身體中。莎莉在新身體中醒來，毫不懷疑自己仍是過去那個莎莉。由於過去的她只剩下大腦，因此似乎可以就此認定，她就是她的大腦。

然而，僅剩下大腦的生命讓莎莉感到無比貧乏，她渴望擁有完整的血肉之軀。儘管莎莉已成了這副模樣，她仍不免有些懷疑，難道她真的只是個大腦，不多也不少？

資料來源：Chapter 3 of *The View From Nowhere* by Thomas Nagel (Oxford University Press, 1986)

在許多人類意識神祕的討論中，最容易被遺忘且最無可辯駁的一個事實就是，思想必須仰賴功能正常的健康大腦才能存在。

這方面的證據幾乎已成定論，毒品、頭部遭撞擊，以及使大腦退化的疾病，都會影響我們的認知能力；一旦大腦受到攻擊，心靈勢必受到波及。

反對這種說法的證據微乎其微。人們傳說，死人會捎來信息，雖然聽起來煞有介事，但迄今仍無堅強證據證實這一點。

我們自認為是有思想、感情與記憶的個體，也同意大腦讓這些機能成為可能；然而，我們能否認定自己等同於自己的大腦？大腦去哪，我們就去哪？如果我的大腦成功移植到你的身體，你的大腦移植到我的身體，能說我在你的身體裡活著、而你在我的身體裡活著嗎？

做出堅定的結論之前，必須小心謹慎。或許我們必須仰賴大腦才能存在，但這不一定表示我們等同於自己的大腦。我們可以拿樂譜的情況來比較。樂譜只能存在於有形物體上：抄寫樂譜的紙張、電腦檔案、乃至於音樂家的腦袋。但若是就此下定論，認為樂譜等同於紙張、電腦檔案與音樂家的頭腦，則是大錯特錯。樂譜本質上是一種密碼，必須書寫在某處才能持續存在；然而，密碼就是密碼，不可能說「某處」等於密碼。

人類不也是如此？構成個人人格的音符與音調就是思想、記憶與性格特徵，這些結合起來決定了我們是誰。這種樂譜不寫於他處，而寫於人腦之中；然而，這不表示我們就是我們的大腦。

如果這種說法正確，就能解釋莎莉的新存在為何會讓她感到貧乏。就像無法演奏的樂譜總是潛伏而無法化為現實，無法寄宿在人體中的心靈只是真實自我不斷消褪的陰影罷了。

有些人的身體完全失去知覺，使得仍有效運作的心靈囚禁在

無知覺的身體中。這樣的人真實存在於世上，他們不就是只剩大腦存活的鮮明例證嗎？一旦到了這種地步，我們還能說，我們僅僅是我們的大腦嗎？

會讓你想破同一片頭蓋骨的問題：

朱立安・巴吉尼
JULIAN BAGGINI

―― 39 ――
No Chinese, OK?

　　純的算命攤是全北京人氣最旺的攤子，她之所以出名，並不是因為她算命算得準，而是她又聾又啞。純堅持坐在布幕後面，來算命的人要寫字條傳進布幕裡跟她溝通。

　　純將其他同業的客人全都吸引過來，搞得另一個算命仙辛一肚子火。辛認為純完全是藉著裝聾作啞招攬生意。有一天，辛找上純的攤子，打算揭穿純的真面目。

　　問過幾個例行問題之後，辛決心利用純無法開口說話的缺點為難她；然而，純回答與寫字的速度都跟以往一樣，不受影響。辛越想越火，氣急敗壞下居然把布幕撕了，連籬笆也踹倒了。他赫然發現，坐在布幕後面的不是純，而是名叫約翰的男子。此時，約翰正坐在電腦前，將辛剛才傳過去的紙條上的最後一句打入電腦。辛對著約翰大吼，要他清楚交代自己是誰。

　　「別吵我，兄弟！」約翰回答：「我聽不懂你在說什麼。別跟我說中文，懂嗎？」

資料來源：Chapter 2 of *Minds, Brains and Science* by John Searle (British Broadcasting Corporation, 1984)

　　來逛純／約翰算命攤的人可能信也可能不信，裡面那個可以

預測未來的人真的又聾又啞或者真是女人，但大家都相信，不管是誰在裡面，至少他懂中文。中文字條遞了進去，有意義的答案傳了出來，這應該足以證明在裡面寫字條的人看得懂外面的人寫的字條吧？

抱持這種想法的主要是一九五○年代興起的功能論心靈理論。根據功能論的觀點，擁有心靈和擁有某種生物器官無關，如大腦，而是與能執行心靈功能有關，如瞭解、判斷與溝通。

然而，約翰與純的故事卻嚴重減損了這種說法的合理性。功能論關注的不是一般的意識或心靈，而是心靈的特定功能，如瞭解語言。純的算命攤的功能就好像裡面有個懂中文的人。

因此，根據功能論者的說法，純的算命攤不斷地進行瞭解中文的過程；然而，如辛所發現的，事實上純的算命攤完全不瞭解中文。因此，結論似乎顯示功能論是錯的：光是能執行心靈的功能不足以稱為擁有心靈。

有人可能會反對，他們認為雖然約翰不懂中文，但是他的電腦懂。我們可以想像，在沒有電腦的狀況下，約翰必須依靠複雜的指示手冊工作，但是他很有經驗，可以快速利用這本手冊。這本手冊只有一個目的，就是告訴約翰，看到什麼樣的字條進來就寫什麼樣的答案出去。布幕外的人看不出這當中的蹊蹺，但實際上整個過程跟瞭解中文毫無關係；而且，由於電腦只是根據規則來處理符號，因此電腦──就像約翰使用手冊一樣──也完全不瞭解中文。

如果將範圍縮小到電腦，仍無法證明電腦瞭解中文，此時就算把範圍擴大到整個算命攤──約翰與電腦──並且說算命攤整

體來說是瞭解中文的，也是徒勞。這種說法聽起來瘋狂，但實際上有其道理。畢竟，我瞭解英文，但我不確定我的神經細胞、舌頭或耳朵是否也瞭解英文。在算命攤，約翰與電腦構成的整體不像人體那樣緊密整合，若是以為約翰與電腦結合起來，能像神經細胞、舌頭或耳朵結合起來一樣得到理解能力，那簡直是癡人說夢。

此外還有一個問題：光是像心靈那樣運作不足以稱為擁有心靈，那還要擁有什麼才能稱為擁有心靈？如何得知電腦或其他人擁有心靈呢？

會讓你想破同一片頭蓋骨的問題：

—— 40 ——
騎木馬，得明牌

保羅知道哪匹馬可以贏得德比賽馬會。至少他相當肯定自己知道，每次只要他感覺很篤定，往往錯不了。

保羅的信心並非基於對馬的研究，而他也無法預見未來。只是，每當保羅龐大的身軀在窄小的木馬上搖晃時，冠軍馬的名字就會浮現在他腦中。

保羅並不是每次都會贏（瞭解這個祕密幫他下注的人也受到牽累），有時他不是很確定，有時甚至完全不知道，只能用猜測的。在這種狀況下，保羅絕對不會下很大的賭金；然而，只要他非常確定，他就會把所有的家財投注下去，這種方法屢試不爽。

奧斯卡是保羅的合作夥伴，他深信保羅擁有不可思議的能力，但是奧斯卡也無法肯定保羅是否真的知道冠軍得主，因為保羅到目前為止的成功機率還不算耀眼。除非保羅瞭解自己如何預知比賽結果，其信仰基礎才能穩固成為一門真正的知識。雖然保羅還無法做到這一點，但奧斯卡還是亦步亦趨地跟著保羅下注。

資料來源：'The Rocking-Horse Winner' by D. H. Lawrence (1926); lectures by Michael Proudfoot

知識與單純的信仰不同。知識到底是什麼？信仰與知識一定

有一些不同之處。舉例來說，我們可以想像有個完全不懂地理的人撿到一張卡片，上面列出了一些重要國家與首都：英國—愛丁堡；法國—里耳；西班牙—巴塞隆納；義大利—羅馬。這個人毫不猶豫地接受卡片的說法，並且相信這些城市就是各個國家的首都。其實所有的答案都錯了，只有一個正確：義大利的首都確實是羅馬。雖然他相信羅馬是義大利的首都，而這一點也是對的，但我們能說他的確知道這件事嗎？他的信仰基礎太不可靠，無法成為知識，只是運氣好讓他剛好碰上正確答案；然而，光憑運氣猜中義大利首都，不可能讓他的信仰變成真實的知識。

　　這就是為何哲學家經常堅持，若是要將信仰轉變成知識，就必須以恰當的方式證明信仰的真實性；然而，應該用什麼方式證明？就保羅而言，他主張的知識是以簡單的事實為基礎：信仰來源的可靠性。每次他覺得自己鐵定知道冠軍馬的名字，往往都能命中。

　　問題在於保羅不知道這種篤定感來自何處。要找出一條通往知識的可靠路徑，只能從他迄今為止的成果去想，而他的成果仰賴的卻是極不可靠的機制。舉例來說，也許是負責安排比賽的人洩露冠軍馬的名字給保羅知道。假使有一天我們故意散布假消息，並且發現保羅將賭金完全投注在錯誤的馬匹上，如果這就是保羅的信仰基礎，就表示他根本不知道冠軍馬是哪一匹。就像那張列著首都的卡片，雖然有時憑著卡片猜對，仍然不能算是知識。安排比賽者的不可靠意味著，光憑洩露出來的消息並不能當成知識來源，即使到目前為止都還沒失敗過。

　　然而，如果保羅的信仰來源的確出自某種神祕之物呢？如

果這個來源不是來自安排比賽的人——我們知道這種人很不可靠——而是來自我們無法解釋的事物呢？此時，我們只能用過去的經驗來判斷這些來源是否可靠，這或許會讓我們誤信未來的可能性。雖然如此，世上豈會有安全無虞的知識之路，讓我們不用懷疑未來的可靠性？

會讓你想破同一片頭蓋骨的問題：

朱立安・巴吉尼
JULIAN BAGGINI

— 41 —
就是沒有藍色

想像你一輩子都住在由公寓、商店與辦公室構成的複合式大樓裡,從未到過戶外,而這正是巨型太空站穆迪號與沃特斯號居民生活的最佳寫照。

太空站的建造者為了測試我們學習時對經驗的依存度,引進了一些有趣的設計。在穆迪號上,沒有任何東西是天藍色;在沃特斯號上,沒有任何東西是藍色。連太空站上的居民也經過特別挑選,沒有人帶有藍眼珠的隱性基因。為了避免看到任何藍色的東西(例如靜脈),太空站內的照明也設計成使藍色無法反光的系統,因此靜脈看起來是黑的。

出生在太空站的人到了十八歲將會接受測試。穆迪號的人觀看充滿藍色色調的圖表,當中獨缺天藍色。測試的主旨是詢問他們,能不能想像缺少的那個色調看起來像什麼。然後再讓他們觀看天藍色的樣本,問他們這是不是他們想像的色彩。

沃特斯號的人則被問到,他們能不能想像出之前從未見過的顏色,以及能不能想像出什麼顏色加上黃色會產生綠色。同樣地,也讓他們看看樣本,然後問他們是不是想到這種顏色。結果將會相當有趣⋯⋯

資料來源:Book two of *An Essay Concerning Human Understanding* by David Hume (1748)

經驗對於學習有多重要？這個問題貫穿了整部觀念史。在古希臘時代，柏拉圖認為，我們學習的每個事物都是我們已經知道的事物；到了現代，杭士基（Noam Chomsky）及其追隨者相信，學習語言必備的文法是內在固有而非外在學習的。另一方面，十七世紀的洛克認為，人類出生時心靈是一塊「白板」，三百年後行為主義者斯金納（B. F. Skinner）則繼續發展這個觀念。

很明顯地，至少就某個意義來看，我們的確能想出超越自身經驗的觀念。如果達文西只能從他經驗的事物中構思，如何憑空想出直昇機。但是，在這類事例中，所謂的創新其實來自於已知事物的結合；新意的產生端視如何整合舊要素，很少有人在想像時能完全超越經驗。

舉例來說，我們擁有五官，其他星球的生物是否可能擁有不同的、我們完全無法想像的感官？其他生物能不能看到人類可見光譜以外的顏色，亦即我們再怎麼努力也看不到的色彩？

穆迪號與沃特斯號的實驗或許有助於理解這個問題。大多數人都同意蘇格蘭哲學家休謨的看法，認為穆迪號的人可以想像出少掉的那塊藍色色調。休謨認為，這是所有知識皆需仰賴經驗的一個例外；雖然如此，也許我們可以說，這正是人類能融貫經驗想出新觀念的著例，就像想像的怪獸是真實野獸的虛構組合。

但是，對沃特斯號的人來說，要想像藍色似乎不太可能，因為他們從未看過藍色的色調。回想一下，我們小時候看到黃色加上藍色變成綠色會有多麼驚訝，光憑想像就知道黃色加上什麼顏

色會變成綠色，似乎不太合理。若要打賭測試結果，或許應該將賭注下在經驗對學習有著重要影響這一邊。

　　就算出生在沃特斯號的人可以想像藍色，我們還要面對另一個問題：他們之所以能如此，是因為——身為人類——他們生來就具有某種內在的藍色感受，還是他們能想像任何顏色？由於我們只能想像可見光譜中的顏色，因此前一種答案才是正確的。這似乎指出，人性對於可想像與可知覺為經驗的範圍設下了許多限制。

會讓你想破同一片頭蓋骨的問題：

— 42 —

拿了錢就跑

「馬可大師現在將展現他神奇的預知能力！這位先生，請問您的大名是？」

「法蘭克。」法蘭克回答展場上的表演者。

「法蘭克，我知道你的未來，我知道未來所有的事，包括股票。因此，我在表演時才有錢給你。你看這裡有兩個箱子，其中一個箱子是打開的，裡面裝了一千英鎊；另一個箱子是緊閉的，裡面裝的不是一百萬英鎊就是空無一物。你可以只拿走其中一個箱子，或是兩個箱子都拿。但是請注意，我知道你會怎麼選。如果你只拿走緊閉的箱子，箱子裡放的將會是一百萬英鎊；如果你拿走兩個箱子，箱子裡將會空無一物。如果我猜錯了，我將奉送一百萬英鎊給現場某個隨機挑選的觀眾。」

馬可打開手提箱，裡頭裝滿了面額五十英鎊的鈔票，在場的人無不屏息。

「各位女士，各位先生。我表演這個奇蹟已不下上百次，獨立的旁觀者可以作證，我還沒出錯過。各位都看到這個緊閉的箱子，它距我足有十呎之遙，大家都看得很清楚，我不可能隔那麼遠還能在箱子上動手腳。所以法蘭克，你要怎麼選？」

資料來源：Newcomb's Paradox, devised by William Newcomb and popularised in 'Newcomb's Problem and Two Principles of Choice' by Robert Nozick, in *Essay in Honour of Carl G. Hempel*, edited by Nicholas Rescher (Humanities Press, 1970)

　　法蘭克應該怎麼選擇？讓我們想像法蘭克不只是知道馬可說自己總是預測正確，也許他一開始跑來圍觀，是因為曾經從可靠的管道——包括馬可曾提過的獨立旁觀者——得知馬可的精采表演。由此看來，法蘭克應該只會選擇緊閉的箱子，這樣就能得到一百萬英鎊，而非只是一千英鎊。

　　然而，事情並不是這麼簡單。當法蘭克往緊閉的箱子走去時，突然萌生一個念頭：這個箱子裡是裝著一百萬英鎊還是空的。明擺的事實沒人能改變，所以，如果緊閉的箱子裡真有一百萬，就算他連打開的箱子一起拿走，錢也應該不會不見。同樣地，如果緊閉的箱子是空的，就算他不拿走打開的箱子，緊閉的箱子裡也不會憑空出現一百萬。法蘭克的選擇無法改變緊閉箱子裡的狀況，所以不論他拿不拿打開的箱子，緊閉箱子裡的錢都是一樣。因此，法蘭克打算同時拿走兩個箱子，反正他拿的錢只會多不會少。

　　這個時候就產生悖論了，這是物理學家紐康伯（William New-comb）設計出來的，又稱紐康伯悖論。兩個論證方式都毫無瑕疵，卻造成矛盾的結論。其中一個論證認為，法蘭克應該只拿緊閉的箱子；另一個論證則認為，他應該拿走兩個箱子。因此，若不是這兩個論證其中一個有瑕疵，就是問題本身存在著無法解決的不一致或矛盾。

　　這個矛盾會是什麼？造成問題的唯一原因是，我們假定馬可能百分之百預測未來。若是能破除這個假定，悖論是否就不會出現？當人類的自由意志與自由選擇介入其中，還有可能準確預測未來嗎？

　　這是個令人安心的想法，但是不必然明智。如果馬可能預測未來，一定也能預測人類意志如何論證，我們的錯誤也許出在無法將這項要素列入分析。馬可要讓緊閉的箱子空著還是裝錢，取決於他如何預測選擇者的論證過程。如果馬可預測法蘭克將會認定兩個箱子全拿並無損失，將會讓緊閉的箱子空著；如果馬可預測法蘭克不會拿走打開的箱子，就會在緊閉的箱子裡放入一百萬英鎊。換句話說，如果未來是可預測的，人類的自由意志將無法改變未來，因為不管我們如何選擇，都不脫先前預測的結果。我們也許自由，但是眼前的未來只有一個，而且是原則上可預知的。

會讓你想破同一片頭蓋骨的問題：

── 43 ──
不要隨便說「我發誓」！

「德魯！大學畢業後就沒見面，有二十年了吧！天哪，德魯，你拿槍要幹什麼？」

「我來殺你，」德魯說：「這是你要求的。」

「你在胡說什麼？」

「你不記得了嗎？你跟我說過好多次：『要是我投票支持共和黨，就拿槍殺了我。』我最近得知你現在已經是共和黨參議員，現在你應該知道自己的死期到了。」

「德魯，你瘋了！那已經是二十年前的事，我還年輕，是個理想主義者。你不能要求我信守承諾！」

「那絕對不是輕率的無心之言，參議員。事實上，我這裡有一份文件，上面有你的簽名和其他人的見證，要我依照指示行事。在你告訴我不要當真之前，我要提醒你一件事，你最近曾投票支持生前遺囑法案；事實上，這份文件就是你的生前遺囑。現在你告訴我：如果你希望自己一旦失智或成為植物人，人們應該執行你的願望把你殺了，為什麼我不該執行你過去的願望，一旦你成了共和黨員就把你殺了？」

「我已經想到要怎麼回答了！」全身汗涇的參議員大叫：「只要再給我幾分鐘！」

德魯拉起扳機瞄準。「你最好快一點。」

　　參議員其實有個好答案可以回應德魯的質疑，但是在我們提出之前，先問個更基本的問題：我們有權代表未來的自己做出具有法律拘束力的決定嗎？答案很清楚，既然能為現在的自己下決定，就沒有理由不能為將來的自己下決定。事實上，我們一直在做這類決定：簽下為期二十五年的抵押契約、退休計畫，拘束我們直到老死；或是簽下為期兩年的工作契約。

　　雖然我們有信守承諾的責任，但是情勢若變更，我們仍有權改變主意。例如，許多人說「如果我怎麼樣就把我殺了」，尤其是年輕人。雖然這些通常只是誇飾語，但是說這種話時卻相當認真，說的人通常已經成年，能為自己的未來做決定；然而，要求這些人信守這種承諾實在很荒謬。

　　因為某人未能信守二十年前不投共和黨的承諾而懲罰——姑且不論殺不殺他——他，這麼做若是荒謬的，則合理期待人們應信守婚姻承諾是否也是荒謬之舉？兩者之間其實有著重大的區別。婚姻就像抵押契約，牽涉到對第三人的責任與承諾；如果反悔，將會有人受害。至於改變政治與宗教態度，整體說來並不會破壞我們與他人的約定。

　　我們認為改變主意是合理的，長期約定不應該那麼絕對。人是會變的，這是個赤裸裸的事實；而在現實世界中，現在的我與多年前的我也不是完全相同。因此，當我們代表未來的自己做出承諾時，某種程度上是替某個不同於現在的我的人做出承諾，這意味著我們的承諾不該被視為具有道德拘束力。

　　這對生前遺囑有什麼影響？關鍵差異在於，生前遺囑是為將來無力做決定的自己預先安排後事；在這種情況下，最有資格做

決定的人是過去的自己，而非現在的自己。這是參議員應該給的
答案，但是，能不能成功說服德魯拉上保險栓則是另一回事。

會讓你想破同一片頭蓋骨的問題：

── 44 ──
同床異夢

　　哈利與蘇菲嚴肅考慮著他們交換戒指時牧師說的話:「這兩個生命現在結合在這只永不斷裂的指環上。」這意味著他們要將集體的利益擺在第一位,個人的利益退居其次。如果能做到這一點,兩人的婚姻生活將會越來越甜蜜。

　　但是哈利曾經歷父母離異,也見過太多朋友和親戚在婚後遭遇背叛與欺騙,因此他對這段話並非毫無疑慮。哈利腦子裡善於算計的那部分開始動起來:如果他把自己擺第二位,而蘇菲把自己擺第一位,那麼蘇菲將在這段婚姻中占盡便宜,而他則一無所得。換句話說,如果他太過浪漫而未能保護自己的利益,就有當冤大頭的風險。

　　蘇菲也有類似的想法,他們兩人甚至討論過這個問題,並且答應雙方在婚姻中都不會抱著利己的心態。但是,他們並不確定對方是不是真的會遵守諾言,因此最保險的做法就是偷偷謀取私利,這使得他們的婚姻不可避免地不如初始那般美好。難道這是他們唯一能採取的合理做法嗎?

　　聽起來有些不對勁。哈利與蘇菲都理性計算自己的最佳利益。如果兩人都能將集體利益擺第一位,兩人都能獲得最佳結果;如果有人不這麼做,則謀取私利者將得到所有的好處,另一

人將損失利益。哈利與蘇菲都不願自己吃虧，因此都不願將集體利益擺第一位，最後兩人獲得的利益將低於合作所帶來的利益。

　　這種問題稱之為「囚犯兩難」，源自於兩個囚犯如何進行辯護的著名案例。當雙方需要合作以獲得最佳結果、卻無法確定對方是否做出合作行為時，就會出現囚犯兩難問題。在這個典型例子中，囚犯被關在不同的牢房，無法溝通。同樣的問題也會出現在枕邊人身上，有人可能長達數年的時間祕密背叛自己的伴侶而未被發現。

　　這種兩難顯示出理性追求自利的限制。如果我們都追求自己的最佳利益，最後得到的利益將少於合作時得到的利益；然而，要有效合作──即便動機是出於自利──必須彼此信任，但是信任在理性論證中是找不到的。

　　這就是為什麼哈利與蘇菲的兩難會如此令人傷感，他們彼此信任的能力完全被他們過去的背叛與離婚經驗腐蝕。缺乏信任的婚姻關係不可能令人滿意，甚至可能以失敗收場；然而，誰能怪他們過於多疑，難道他們不理性嗎？畢竟，他們之所以如此，完全是公正評估了現代婚姻現象之後的選擇。

　　若說這則故事有其寓意，那或許是人們要從生活中得到更多，就必須彼此信任──儘管這麼做有一定的非理性風險。如果彼此信任，可能讓自己暴露在被利用的風險中；但如果不相信彼此，就不可能獲得生活中最好的一面。哈利與蘇菲理性而安定的策略，使他們免於婚姻中最壞的一面，卻也因此錯失婚姻中最好的部分。

會讓你想破同一片頭蓋骨的問題：

————— 45 —————
看不見的園丁

兩週以來，史丹利和李文斯頓一直躲在臨時隱蔽處，觀察美麗如畫的林間隙地。

「連個鬼影子也沒見到，」史丹利說：「而且那塊隙地一直原封不動地擱著。現在你該承認自己錯了：根本沒有園丁來整理這塊地。」

「親愛的史丹利，」李文斯頓回答：「你忘了嗎，我說的是看不見的園丁。」

「但是這名園丁甚至連一點聲響也沒有，連一片樹葉也沒弄亂。我認為根本沒有什麼園丁。」

「我這個看不見的園丁，」李文斯頓接著說：「除了完全不出聲之外，還不可觸知。」

史丹利生氣地說：「你說那什麼鬼話！一個不出聲、看不見、不可觸知的園丁，跟沒有園丁有什麼差別？」

「這還不好懂嗎？」李文斯頓心平氣和地回答：「一個是有人照料菜園，一個是沒人照料菜園。」

「李文斯頓博士，」史丹利嘆道：「我想，你應該不會反對我現在送這名園丁到無聲、無味、看不見又不可觸知的天堂去吧！」從史丹利充滿殺氣的眼神，可以看出他絕對不是在開玩笑。

資料來源：'Theology and Falsification' by Antony Flew, republished in *New Essays in Philosophical Theology*, edited by A. Flew and A.

MacIntyre (SCM Press, 1955)

　　這則寓言的力量仰賴讀者假定——跟史丹利一樣——李文斯頓是個喪失理智的笨蛋。在沒有任何證據支持下，李文斯頓仍然堅持自己的意見。更糟的是，他對園丁的存在深信不疑，甚至認為園丁是個輕薄、乃至於能消融於稀薄空氣中的神祕存有。移除了園丁身上所有可見與可觸知的元素之後，園丁身上還剩下什麼？可以確定的是，史丹利無法證明這樣一個善於園藝的鬼魂不存在，但是倒能理所當然地質問，繼續相信這個虛無縹緲的東西有什麼好處。

　　信仰上帝也是如此。正如李文斯頓從林間隙地之美看到園丁之手，許多宗教人士也從自然之美看到上帝之手。也許乍看之下，假設這個令人驚歎的萬象世界有個全能又慈愛的造物主存在是合理的；然而，跟史丹利與李文斯頓相同的是，我們擁有的不只是第一印象，我們的持續觀察似乎一一剝去了上帝存在應有的特質。

　　首先，世界是根據物理定律運轉，縱然沒有上帝，也能成雲致雨、日升日落。但是，李文斯頓式信仰者認為，是上帝點燃了火燄，讓宇宙開始運轉。

　　其次，我們注意到自然並不溫柔也不仁慈，世上充滿了恐怖的磨難與毫不掩飾的邪惡。善良的上帝究竟在哪？信徒們主張，上帝已盡可能創造一個美好的世界，只是人類的原罪把它搞砸了。

　　然而，即使是無辜的苦難以及人們高喊求助時，上帝總是默然無語，信徒們的回應則是——當他們的上帝越來越退居於陰影之中時——從受難中得到的善不是在此生，而是在來生。

　　最後，我們還剩下什麼？一個未曾留下任何蹤跡、任何聲音、也未曾干預宇宙進程的上帝。神蹟時有所聞，但是大多數信徒並不信這一套。如果連神蹟都不算數，上帝等於從這個世界消失了。我們未曾在自然中看到上帝的指甲，遑論祂的手。

　　這樣的上帝與沒有上帝存在著什麼差異？主張上帝存在，難道不是跟堅持有園丁照料李文斯頓與史丹利發現的林間隙地一樣愚蠢嗎？如果上帝不僅只是片言隻字或一個希望，難道我們不需要一些證明上帝曾積極參與世界的徵兆嗎？

會讓你想破同一片頭蓋骨的問題：

—— 46 ——
再生人

媒體給他起個綽號叫「蟲人」，但是他的朋友知道他本名叫德瑞克。科學家更改他的DNA，使他擁有一般蟲類或菜蟲最令人驚異的特徵：再生能力。結果成功了。科學家砍掉德瑞克的手來測試效果，結果發現新的手居然在一個月內長出來。

但是，之後出現了問題。德瑞克的身體開始慢慢惡化，為了挽救他的生命，科學家必須把德瑞克的大腦移植到新的身體上；然而，手術出了嚴重錯誤，德瑞克的大腦被切成兩半。

慶幸的是，兩個半腦都各自再生成完整的腦，而且兩個腦都成功移植到新的身體上。唯一的問題是，現在兩個人都擁有德瑞克的腦，而且都認為自己是德瑞克；除此之外，兩人也都擁有德瑞克的記憶、心智能力與人格。這對德瑞克的男友構成困擾，因為他無法區別兩個德瑞克，而德瑞克也因此陷入法律糾紛，因為雙方都主張自己擁有德瑞克的財產。哪一個才是真正的德瑞克？不可能兩人都是吧？

資料來源：Section 89 of *Reasons and Persons* by Derek Parfit (Oxford University Press, 1984)

如同一名好偵探，試著描述事件的來龍去脈之前，必須先釐

清事實。之前只有一個德瑞克，現在卻有了兩個。根據他們各自擁有的一半大腦，我們分別叫他們右德瑞克與左德瑞克。到底誰才是真正的德瑞克？

他們兩人都不是德瑞克，因為大腦分成兩半後，他們已經是兩個人，而非一個人。舉例來說，如果右德瑞克死了而左德瑞克還活著，德瑞克究竟是死了還是活著？一個人不可能既死又活，因此德瑞克既不是右德瑞克也不是左德瑞克。

或許右德瑞克與左德瑞克都不是德瑞克，但是這個答案似乎有點奇怪。舉例來說，如果左半腦在手術中被摧毀了，只有右半腦完整再生，我們可以確定地說右德瑞克是德瑞克；如果左半腦也再生了，此時右德瑞克突然又不是德瑞克，但其實兩種狀況完全相同。某個外來事件如何能影響右德瑞克不再是德瑞克？

唯一的可能性只剩下：左右德瑞克中，有一人是德瑞克，或兩人都不是德瑞克；然而，既然兩人都主張自己是德瑞克，如何從中選擇誰是德瑞克？身分的歸屬不能恣意為之，所以三個可能性——兩者皆是，其中之一或兩者皆非——似乎都是錯的。不過，有一點是確定的：我們沒有其他選擇。

如果所有可能的答案都不適當，或許是我們問錯問題。這就好像要人回答：「你什麼時候才會停止打老婆？」但實際上根本就沒有打老婆這回事。

在蟲人的例子中，問題出在我們提出的問題與同一性在時間中的變遷有關——一對一的關係——但實際對象卻是一對多的關係。同一性的邏輯在這裡用不上，我們應該討論的是接續或持續的問題。因此，不管是右德瑞克還是左德瑞克，都是德瑞克的接

續者，不應該問誰才是德瑞克。

　　所以，我們應該提出的問題或許是：經歷這麼一連串考驗之後，德瑞克是否真的存活下來。看起來似乎是如此。如果答案是肯定的，德瑞克個人是存活下來了，但是失去個人的同一性。當然，一般人的自我不可能像德瑞克那樣被區分開來。儘管如此，這個故事還是具有教育意義。它告訴我們，人的存活與否，最重要的並非同一性在時間變遷中被保存下來，而是現在的我與未來的我具有正確的連續性。接下來的問題是，我們要怎麼看待連續性。它是指我們的身體？我們的大腦？我們的內在生命？還是我們的靈魂？

會讓你想破同一片頭蓋骨的問題：

　2　會殺人的傳送裝置
　11　哪一艘才是真的？
　30　別人的回憶
　38　我只是大腦，不多也不少

朱立安・巴吉尼
JULIAN BAGGINI

—— 47 ——
永遠編不完的字典

拉賓教授跟他的助理相當興奮，他們準備為過去從未發現的語言編纂字典。拉賓最近才發現勒波里達這個失落的部落，並且開始著手記錄他們的語言意義。

第一個要定義的字是gavagai。每次看到兔子，拉賓和助理總是聽到勒波里達人使用這個字，因此，拉賓認為gavagai應該就是指兔子。不過，助理不以為然；就他們所知，gavagai難道沒有別的意思嗎？例如「未分離的兔子身體」或「看！是兔子」。或許勒波里達人認為動物存在於四度空間中，超越時間與空間，而gavagai只是用來指稱人們在觀察的那個時點看到的兔子身體？又或者gavagai只是被看到的兔子，而未被看到的兔子另有名稱？

這些可能性聽起來有點異想天開，但是拉賓不得不承認，這些都與他們目前觀察所得若合符節。要如何才能知道哪一個是正確的？他們可以更深入地觀察，但是為了釐清所有的可能性，他們必須或多或少瞭解部落的每件事物、居民如何生活，以及居民使用哪些字彙；然而，如果要這麼做，這部字典不知要編到何年何月？

資料來源：*Word and Object* by W. V. O. Quine (MIT Press, 1960)

　　凡是能說一種以上語言的人，都瞭解某些字彙無法輕易翻譯成其他語言。例如，西班牙人提到城市或宴會的marcha，在愛爾蘭語中類似卻不完全相同的字是craic，這兩個字都很難在英語中找到確切對應的字。最接近的對應說法可能是「嘈雜聲」或「覺得愉快」，但是，要真正瞭解marcha或craic的意義，必須實際學習西班牙語或愛爾蘭語，從這些語言的文化中理解。

　　同樣地，英語中的be動詞在西班牙語中找不到對等的翻譯。西班牙語中有ser與estar，分別代表英語be動詞在不同狀況下的變化，這點在英語字典中反映不出來。知道西班牙語的esposas是「妻子」還不夠，還必須知道esposas也指「手銬」，這樣才能意識到傳統西班牙人強烈的男子氣概。

　　gavagai的故事顯示出，所有的字彙如craic、marcha、ser與esposas，其意義皆與文化實踐及語言中的其他字彙緊密連結在一起。無論何時，只要將某個字彙翻譯成其他語言，原有字彙的重要脈絡也就隨之消失。雖然如此，大部分時候我們都能避免這類問題；對我們來說，各語言意義的類似性使我們能運用字彙，並且在使用語言的說話者社群中發揮功能。因此，如果拉賓認為gavagai指兔子，他的說法並不見得錯，但是兩者在意義上確實有著細微差異。如果拉賓想瞭解gavagai的真正意義，就必須把重點放在gavagai植基的語言與社群上，而非留意自身的英語概念與實踐。

　　這件事為何重要？我們使用字彙時，傾向於將字彙當成觀念或物品的標籤，這種做法能讓不同母語的人談論同一件事，擁有相同的觀念，就算使用不同的字彙也能做到。在這種模式中，字

彙與意義，或字彙與字彙指稱的事物之間，有著一對一的關係。

不過，一旦開始嚴肅看待gavagai的故事，就必須劇烈改變這幅語言圖像。字彙與事物及觀念並不是一對一的關係，相反地，字彙與字彙之間以及字彙與說話者的實踐之間是彼此連結的。意義是「整體的」，不可能孤立理解單一字彙。

若是接受這種看法，各種奇怪的結果將接踵而來。例如，陳述是否為真是什麼意思？我們傾向於認為，如果有隻兔子在墊子上，則「兔子坐在墊子上」這個陳述便為真。真理就是句子與事實之間的符應。然而，句子的意義若取決於句子植基的語言與文化，句子與事實的關係就不可能那麼簡單；相反地，它是事實、句子、外在語言與文化構成的複雜關係網絡。

這是否意味著真理和語言、文化之間存在著相對性？要下這樣的結論是過於跳躍了點，但是從意義整體論的起點出發，很可能會緩步走到這個境界。

會讓你想破同一片頭蓋骨的問題：

48

偉大藝術 vs. 道德恥辱

批評者都同意，《狗娘養的》電影拍攝手法令人屏息：演員演技一流，對話明快，步調分毫不差，配樂旋律極為動人且與電影相得益彰。但是，批評者也認為，這齣電影的道德低下惹人厭惡：它呈現的世界觀是西班牙種族優越的世界觀，是視苛待老人為必須的世界觀，也是認定無子婦女應該被強姦的世界觀。

人們對這齣電影的評價不一。對某些人來說，這部電影低俗的道德觀破壞了自身的藝術地位；對另一些人來說，媒介與訊息應該區別開來。這齣電影既是偉大的電影藝術，也是道德恥辱。我們可以基於前者讚美它，也可基於後者厭惡它。

這並非只是一場理論論戰，電影傳達的訊息若是惹人厭，很可能遭到禁演，除非它能證明它的藝術成就高到足以豁免檢查。導演提出警告，對於自由藝術表現來說，禁演將是一場災難。真是這樣嗎？

這場想像的論戰在現實生活中也不斷上演，其中最著名的例子就是萊芬斯坦（Leni Riefenstahl）《意志的勝利》（納粹紐倫堡大集會的紀錄片）與《奧林匹亞》（一九三六年柏林奧運紀錄片，片中宣傳亞利安人種族優越神話），迄今人們仍強烈否定這兩齣片子的傑出表現。對某些人來說，萊芬斯坦是傑出的製片家，她把才

能用來服侍魔鬼；對另一些人來說，她的電影具有藝術性，但是極不道德。

王爾德在這場大辯論中表達了自己的極端立場。他寫道：「書籍無所謂道德不道德，只有寫得好與寫得不好的差別。」王爾德認為藝術獨立於道德之外，因此，將倫理標準套在藝術頭上完全錯誤。

大部分人不像王爾德那麼極端，許多人還是認為可以將美學與倫理判斷區別開來，只就美學而非倫理觀點來讚賞作品。

然而，即使大家都同意這一點，也無法終止辯論。主張倫理與美學應該分開是一回事，不做道德判斷又是另一回事。認為《狗娘養的》在藝術上極有成就卻在道德上不堪入目，以及認為道德要求應凌駕於藝術要求之上，這兩種想法並無矛盾之處。在這種情況下，儘管我們承認某部電影極具藝術性，卻還是可能想禁演這部電影。

在光譜的另一端，相對於王爾德的立場，是藝術與道德必須緊密結合的觀點。濟慈寫道：「美就是真，真就是美。」若是如此，任何扭曲現實的繪畫作品都會是美學與創意的失敗之作。認為某個藝術作品道德低劣卻又極具藝術性，完全是一種矛盾的說法；至於讚賞《狗娘養的》的人，則更是錯得離譜。

較明智的人多半不走基本教義派的極端路線，但是這些人卻容易因絕望而遁入「什麼都可以」的相對主義中。此外，他們也無力解開藝術與道德的僵局。反對禁演者不可能認為支持禁演者的意見跟他一樣正確，因為這麼做等於承認，自己認為不合理的做法——禁演——最終仍是合理的。同理，認為反對禁演具有正

當性的人，一定也會反對檢查制度。

如果光譜兩端皆存有一定程度的真理，這種真理一定有共通的基礎；然而，要找到這個共通點並不容易。

會讓你想破同一片頭蓋骨的問題：

— 49 —
這不是牛津大學

芭芭拉和瓦利在牛津車站攔下一部計程車。「我們正在趕時間,」芭芭拉說:「我們剛剛參觀過倫敦,下午要去史特拉福。麻煩你載我們去看牛津大學,然後送我們回車站。」

計程車司機暗自竊喜,一邊按下收費器,一邊想著待會兒可以賺到大筆車資。

司機載著他們繞城,向他們展示阿什莫爾與彼特里佛斯博物館、植物園,以及自然史與科學史博物館。除了著名的博德利圖書館之外,司機也帶他們看了較不出名的拉德克里夫、薩克勒與泰勒等圖書館。他們不僅看了牛津大學全部三十九所學院,也看了七所常設私人學院。當司機最後把車停在車站前面時,計費表上顯示的車資是六十四點三英鎊。

「司機先生,你是個騙子!」瓦利抗議說:「你帶我們看了學院、圖書館和博物館,但該死的,我們只是想看牛津大學而已!」

「可是,牛津大學就是這些學院、圖書館與博物館!」司機憤憤不平地說。

「你以為我們會上當嗎?」芭芭拉說:「不要因為我們是美國觀光客,就當我們是笨蛋!」

資料來源:Chapter 1 of *The Concept of Mind* by Gilbert Ryle (Hutchinson, 1949)

美國觀光客在英國向來以吵鬧、粗魯和愚蠢著稱，這種評價其實有點不公；畢竟，有多少英國人願意自己在西班牙陽光海岸的度假行徑遭受批評呢？

　　這段小文章不是要攻擊美國人，而是提供一則謬誤思考的顯例，說明即使是最聰明的心靈也會有出錯的時候。芭芭拉和瓦利犯了牛津哲學家賴爾所說的範疇錯誤，他們把牛津大學想成是學院、圖書館與博物館裡（亦即位於特定建築物裡）的機構，但這三者其實只是牛津大學的構成分子。牛津大學並不等同於學院、圖書館或博物館，你不能指著一個地方或一幢建築就說「那是牛津大學」；就像計程車司機所說的，牛津大學是一個機構，這些學院、圖書館與博物館全歸屬於這個機構。

　　但是，這不表示牛津大學是個精神性的存在，神祕地結合所有的學院、圖書館或其他建築物，這樣想等於又犯了範疇錯誤。牛津大學並非單數物質或非物質的事物，我們不能被語言誤導，以為它是單數名詞就認為它就是單數物體。

　　賴爾認為，最常用來思索心靈的方式往往犯了類似的範疇錯誤。我們有單數名詞──心靈──所以傾向於認定單數名詞一定指稱某個單數事物。若是如此思考，就會產生兩種荒謬：我們可能認定心靈就是大腦，但這是一種荒謬，因為大腦擁有質量與體積，思想卻兩者皆無；我們也可能認定心靈一定是某種非物質的實體，就像鬼魅居住在身體這部生物機器中。

　　一旦瞭解心靈並不是單數物體，就能避免犯下這兩種不合理

161

的錯誤。說某個事物擁有心靈，就是指它具有希求、欲望、理解與思考等能力。由於人類具備這些能力，所以我們說人類擁有心靈，但不表示我們必須辨識心靈是什麼物體。人類擁有心靈其實就跟大學擁有學院、圖書館與其他建築物一樣，並無神祕之處，即便大學並不是個物體。

這種說法應能解決這個長久以來爭論不休的問題。然而，不管它是否真的解決──或許已經解決──這個心靈問題，範疇錯誤的概念確實有效防止了對語言特徵與世界特徵的混淆。

會讓你想破同一片頭蓋骨的問題：

24 上帝，給我方形的圓

31 男人不壞，女人不愛

62 我思，故我在哪裡？

83 己所不欲，視情況施於人？

──── 50 ────
賄賂無罪，受饋有理？

　　首相向來以「正直」的形象自詡，他不容許政府內部出現貪污與醜聞，並且希望建立一個廉潔誠實的政府。

　　然而，某個事件讓他陷入兩難。在唐寧街的會客室中，有個以欠缺良心著稱的商人——但是他並無刑事犯罪或民事不法紀錄——把首相拉到一旁。他帶著陰謀家的口吻，低聲對首相說：「許多人不喜歡我，也輕蔑我做生意的方式，對此我並無怨言。真正讓我苦惱的是，我的壞名聲將使我永遠無法得到國家授爵。」

　　商人又說：「我知道我們可以一同解決這個問題。我準備了一千萬英鎊，要協助提供乾淨飲水給數十萬非洲民眾飲用，前提是你要保證我列名在新年授爵名單上。如果不行，這筆錢我就留著自己用。」

　　商人拍拍首相的背說：「考慮一下。」然後轉身走入賓客中。首相知道這是賄賂，但如果能讓這麼多人受益，賣爵又有什麼不好呢？

　　對於道德標準明確的人而言，有兩種做法可以輕易解決這個兩難處境。如果採取狹義的功利主義觀點，道德上可欲的結果是能造福最多數人，當然應該接受賄賂。這個道德數學題很簡單：如果首相接受商人的賄賂，數十萬人有乾淨飲水可喝，商人得到

「爵位」；唯一的代價是，看到這個如同罪犯的貪婪傢伙接受女王授爵時，心中會帶點怒氣。

　　如果採取的是正直原則與正當法律程序原則，很明顯地應該拒絕賄賂。事務的處理必須遵循正當法律程序，允許富人買爵，即使錢是用在好的用途上，也會破壞國家授爵的原則，使其從論功行賞變成論錢行賞。

　　要衡量這種兩難處境的困難度，必須先瞭解上述兩種論證會造成什麼影響。正當法律程序與法治對於民主開放社會十分重要，但若是稍微扭曲法律可以獲得極大的好處，只有極小的壞處，謹守法律無所作為豈不太過愚蠢乃至於不道德？

　　問題的核心在於，這裡有一種道德自我沉迷的現象。首相急於建立廉潔的政府，這意味著他不想沾上任何貪腐的污點；但是在故事中，首相不想弄髒自己的手，其代價便是犧牲了數十萬需要乾淨飲水的非洲人的福利。首相該受指控之處在於，他對潔身自愛的興趣遠大於讓世界更好。他想要道德，實際上卻幹了不道德的事；他對道德的沉迷，使得非洲人注定與疾病及跋涉取水為伍。

　　或許首相察覺到這一點，但是仍有其他考量。若他接受這種想法，接下來會招來多少賄賂？為什麼不對選民說謊，這樣可以讓他們支持而非反對一場正義的戰爭？為什麼不支持專制政權，如果長期而言可以促進地區穩定並防止更糟的人掌權？如果所有的政治人物都只考慮結果不問過程，首相如何主張自己是個正直、誠實又不貪腐的領導人？還是說，這些理想都只是天真的夢？

會讓你想破同一片頭蓋骨的問題：

朱立安・巴吉尼
JULIAN BAGGINI

—— 51 ——
活在桶子裡

　　自從車禍之後，布萊恩就活在桶子裡。他的身體被撞個粉碎，但是在外科醫生搶救下，挽回了他的大腦。現在這種大腦保留手術已相當普遍，只要有適合的捐贈者，布萊恩的大腦就能安裝到新的身體上。

　　然而，由於大腦最終衰弱得比身體還慢，而且摧毀大腦在倫理上並不可行，因此，等待新身體移植可謂遙遙無期。中國超級電腦 Mai Trikks 的出現解決了大排長龍的問題：透過在大腦接上電極，電腦對大腦施予刺激，使大腦產生幻覺，以為自己具有活生生的身體，並且居住在真實世界中。

　　在布萊恩的例子裡，布萊恩有一天在醫院病床上醒來，醫護人員告訴他，他出了車禍，而且進行了成功的身體移植，於是布萊恩開始過著正常生活。然而，事實上布萊恩只剩下原來那顆腦子，他只是生活在桶子裡，腦子接滿了連接到電腦的管線；但是，他跟你我一樣，仍然認為自己生活在真實世界中。他——或我們——怎樣才能得知事情的真相呢？

資料來源：The first meditation from *Meditations* by René Descartes (1641); chapter 1 of *Reason, Truth, and History* by Hilary Putnam (Cambridge Univesity Press, 1982); *The Matrix*, directed by Larry and Andy Wachowski (1999); Nick Bostrum's Simulation argument, www.simulation-argument.com

我們可能是桶中的大腦，這種想法催生出熱門科幻小說電影《駭客任務》。在電影中，基努·李維飾演的英雄尼歐，雖然免於遭受喪失身體的慘劇，但本質上卻處於和布萊恩相同的處境。尼歐的大腦在輸入各種訊息之後產生了幻覺，以為自己生活在真實世界中；事實上，尼歐處在豆莢內，全身浸泡在羊膜液中。

　　我們是否身處於幻覺中而不自覺，這種懷疑其實有著長遠的歷史。柏拉圖的洞穴寓言是早期先驅，之後的笛卡兒則提出有系統的懷疑；他懷疑我們在做夢，或是被強大的魔鬼欺瞞。

　　桶中大腦觀念的適切處在於其合理性，這在科學上完全可能，至少比笛卡兒那可怕魔鬼騙子的說法更可信。

　　事實上，最近有論點指出，我們很可能全都生活在虛擬實境中，但或許不是桶中大腦，而是人工創作的智慧。這種論點認為，遲早有這麼一天，我們或其他文明將創造出人工智慧與虛擬實境，而我們將生活其中。進一步地說，這些模擬世界不必像生物有機體那樣，需要大量自然資源來維持運作，因此幾乎可以無限地創造這類環境，未來可能連地球這種規模的行星都能在電腦中「生存」。

　　如果這些全都可能發生，只需運算就能得知我們有無可能處於這樣的虛擬實境中。我們可以這麼說，在每個完整人類歷史進程──每個曾經生活過的人類──之外，存在著另外九個由電腦模擬創造的虛擬實境，不管是模擬還是人類，都認為自己是生物有機體；然而，當中有九成是假的。既然我們無法確知自己是

模擬還是人類，就有九成的可能會誤以為自己屬於後者。換句話
說，我們很可能生活在某個類似母體的地方，而非漫步在真實的
地球上。

　　大多數人對這種論點深感懷疑，或許是因結論太過嚇人。我
們要質疑的，不是這個論點聽起來是否可信，而是當中的邏輯是
否有錯。要找出當中的瑕疵雖非不可能，但是非常困難。

會讓你想破同一片頭蓋骨的問題：

—— 52 ——
數字會說話

　　卡蘿決定用自己的萬貫家財，改善坦尚尼亞南部貧窮村落的生活。然而，卡蘿對於節育計畫有所保留，因此和卡蘿合作的發展機構想出了兩個可能方案。

　　第一項計畫完全沒有節育措施，村落人口可能從一百人增加到一百五十人，生活品質指數——衡量主觀與客觀因素——從平均二點四穩定上升到三點二。

　　第二項計畫包括了非強制性節育計畫，村落人口穩定維持在一百人，但是平均生活品質提升到四。

　　生活品質指數在一或低於一者，表示完全沒有活下去的價值。第一項計畫可維持的有價值生命數量比第二項計畫還多，第二項計畫雖然人口較少，但是生命價值可以獲得更圓滿的實現。哪一項計畫可以讓卡蘿的資助發揮最大的效用？

資料來源：Part four of *Reasons and Persons* by Derek Parfit (Oxford University Press, 1984)

　　卡蘿的兩難並不在於如何在品質與數量之間選擇。當我們計算生活品質指數時，就已經將品質數量化，這東西實際上就跟聽起來一樣複雜。

　　卡蘿想得到什麼成果？合理的答案有三：第一是增加有價值的生命數量，其次是增加生活品質的總量，第三是盡可能為最有價值的生命形式創造條件。

　　讓我們思考第一項選擇。很明顯地，如果卡蘿選擇不節育的計畫，結果將會產生更多值得生存的生命；然而，這是她想要的結果嗎？答案若是肯定的，似乎會得出一個荒謬的結論：只要不過著最悲慘的生活，所有的生命都值得活下去；既然如此，應該盡可能讓更多人來到這個世上，只要他們的生活品質不落到最低水準之下。但是，這麼做真的好嗎？舉例來說，我們讓英國人口增加到原來的三倍；在這段過程中，英國人變窮了，目的是為了讓值得活下去的生命來到這個世上。

　　第二個可能目標是增加生活品質的總量。同樣還是第一項計畫可以達成這個目的，雖然數字不一定能完全表現出現實狀況，卻仍然可以約略算出一百五十人過著指數三點二的生活品質，合計的生活品質總量是四百八十「分」。相較之下，一百人過著指數四點零的生活品質，生活品質總量只有四百分，因此第一項計畫可以獲得較好的生活品質。

　　但是，這個結論也很荒謬。若是以此為判斷基礎，我們會認為，讓一千人來到這個世上過著悲慘的指數一點一的生活品質，比一百人過著最大值十的生活品質更好（這裡使用的計分系統是虛構的）。

　　最後剩下第三種可能：盡可能為最有價值與最令人滿意的人類生命形式創造條件，不考慮人口與生活品質總量最大化的問題。寧可擁有稀少卻能獲得滿足的人口，也不要過多而無法滿足

的人口。

　　雖然聽起來是個合理的結論，但是從生命與倫理的角度來看，這種做法卻讓人不安。一旦我們開始認定，為生命創造生命是毫無價值的舉動——即便這些生命值得存活——則潛在的生命（如早期胎兒）將不再擁有任何特殊價值。或許胎兒長大後能過著有價值的生活，但是這不能說服我們接受，自己負有道德義務確保胎兒日後能過什麼樣的日子。當然，許多人可以毫無顧忌地接受這個結論；至於無法接受這個結論的人，則必須問自己為何無法接受。

會讓你想破同一片頭蓋骨的問題：

53

殊途同歸

「醫生，你一定要幫我。我痛苦不堪，而且我知道自己快死了。讓我解脫吧，最好是用快速無痛的方式殺了我，我已經受不了了。」

「我要確定一下，」海德博士回答：「你是要我為你注射高劑量止痛藥——也許是二十毫克嗎啡——讓你很快失去意識並且快速死亡？」

「是的！請你大發慈悲。」病人說。

「恐怕有些事是我不能做的。」海德博士回答：「不過，我瞭解你的痛苦，所以還是能做些什麼。為了解除你的痛苦，我會為你注射高劑量止痛藥，大約二十毫克嗎啡，但是這樣的高劑量會讓你很快失去意識並且很快死亡。你覺得如何？」

「這不是跟你先前的建議一樣嗎？」病人困惑地說。

「是嗎？這差別可大了！」醫生回答：「第一個建議是殺了你，第二個建議是解除你的痛苦。我不是殺人犯，而且，安樂死在我國是非法的。」

「但是不管用哪一種方式，都可以讓我解脫，不是嗎？」病人反對醫生的說法。

「是啊，」醫生說：「不過，對我來說可就有差別了。」

　　海德博士解釋他兩段明顯相似建議的差異，聽起來像是狡辯；他既想要實現病人的願望，又想要免於法律制裁。在許多國家，例如英國，故意縮短病人生命是違法的，即使病人處於極大的痛苦中並且要求死亡；然而，採取行動減少痛苦卻是允許的，即使可以預見此舉將加速病人死亡。判斷箇中差異的關鍵在於意圖。相同的行動——注射二十毫克嗎啡——產生相同的結果，但是意圖解除痛苦是合法的，意圖殺害則違法。

　　這不只是法律的奇怪副產品，在區別的背後，存在著植根於天主教神學的古老道德原則。「雙重效果原則」認為，為了行善而做某事，即使預見這麼做會帶來某種惡，但只要意圖是善的，而且沒有產生惡的結果，在道德上就能接受。其中的關鍵在於，預見不等於意圖，真正有影響的是意圖。

　　這項原則會使事情往壞的地方發展，因為它可以合理化令人困窘的道德選擇；然而，若是嚴肅看待這項原則，這項原則將不只是用來自我開脫的狡辯條款。舉例來說，我們傾向於假定海德博士的確想要實現病人的願望，他只是想避免法律的制裁；另一方面，我們也必須嚴肅考慮海德博士不想殺死病人的可能性。因此，海德博士可能是在不情願的情況下，為追求減少痛苦的高貴目的而採取行動，即使這將導致病人死亡。預見與意圖的不同，對於海德博士如何面對自己的良心有著很大的影響。

　　然而，還是有吹毛求疵的人懷疑，我們對於自己預見的事所負的責任，與我們對於自己意圖的事所負的責任，兩者應該是相同的。如果我拿著來福槍對著森林射擊，明知此舉可能殺死過往的行人；若是真的意外殺死某人，我將沒有理由說自己沒有道德

責任，只因我沒有殺人意圖。如果雙重效果原則可以為上述情況辯解，就必須說明為何它能排除這種明目張膽的魯莽行為。

會讓你想破同一片頭蓋骨的問題：

———— 54 ————
捉摸不定的我

　　這件事你可以在家裡嘗試，在公車上也行。你可以閉上或睜開雙眼，可以待在安靜的房間或吵雜的街道。你要做的就只是這件事：確認你自己。

　　我不是要你站起來自我介紹，而是要你掌握哪個是你，不僅僅是你做的或你經歷的事。要做這件事，必須專注精神在自己身上。試著在自己的意識中找出「我」的位置，也就是那個能感受冷熱、思考自己想法、聽到周遭聲音等等的我。我不是要你找出自己的情感、感官與思想的位置，而是要你找出擁有這些東西的人——也就是自我——的位置。

　　這件事應該很容易，畢竟，在這個世上還有什麼會比自己的存在更明確？即使身旁所有的事物都是夢境或幻覺，也必須自己先存在，才能做夢與產生幻覺。所以，如果你將自己的心靈轉而向內試著察覺自己，應該很快就能找到自己。開始吧，我們來試試！

　　找到了嗎？

資料來源：Book I of *A Treatise on Human Nature* by David Hume
　　(1739-40)

承認吧，你失敗了。你尋找自己一直認為存在的事物，卻一無所得。這意味著什麼？難道你不存在？

讓我們搞清楚你會找到什麼。每當你察覺到某件事物時，被察覺的事物都會變得相當特定：想法、感情、感覺、聲音、氣味。但是，你從未能明確而特定地察覺到自我。你能描述自己擁有的每個經驗，卻無法描述擁有這些經驗的你。

你或許會抗議，我怎會察覺不到是我擁有這些經驗？舉例來說，當我看著眼前的書，我察覺到的是書，不是我；但是從另一個角度來看，我也察覺到是我在看書。要分離自我與經驗是不可能的，這就是人為何無法特別察覺到自己，只能察覺自己在察覺；然而，這並不是說「我」被剔除在方程式之外。

這種說法聽來似乎非常可信，但事實並非如此：「我」不存在，這個問題依舊未解。這就像是從某個角度畫風景。從某個意義來說，繪畫的角度不可能取自繪畫本身，因為繪畫本身是從某個特定視角取材的，沒有特定視角不可能畫出風景。但是，特定視角本身卻無法顯露在畫中。我們知道，這個特定視角可能是草綠色的山丘，可能是靜止的車輛，也可能是鋼筋水泥的辦公大樓。

擁有經驗的自我可以用同樣的方式來理解。我看著眼前的書，察覺到的不只是視覺經驗，還有某種觀點的經驗，但是這種觀點的性質卻不會在經驗中顯現。「我」仍然不存在，經驗雖然如蝴蝶般翩然環繞著「我」，但是「我」毫無內容。

因此，如果我們問自我是什麼，答案是自我等於所有分享著同一觀點且彼此相連的經驗之總和。自我並不是物，也無法認知自我。我們無法察覺自己是什麼，只能察覺到自己經驗之物。這

不表示我們不存在，卻說明我們缺乏一個持續的存有核心，一個
我們一直誤以為能永續存在、並且能讓我們成為個人的單一自我。

會讓你想破同一片頭蓋骨的問題：

朱立安・巴吉尼
JULIAN BAGGINI

──55──
永續發展？

　　葛林家瞭解他們成功的代價高昂，他們的鄉村農舍不僅是住家，也是營生的工具；然而，當他們的公司賺進穩定利潤之時，屋內笨重機器的震動卻逐漸破壞了房屋結構。如果他們視若無睹地照常工作，五年內房子勢將成為危樓，而他們將被迫搬離；另一方面，他們的獲利也不足以購買新的房地產，或是進行必要的修繕與結構改良。

　　葛林夫婦決定將房子保留給孩子，因此，他們決定減緩生產，防止損壞擴大。

　　十年後，葛林夫婦過世，他們的子女繼承了房地產，但是農舍也已經倒塌。營造商來了，一邊搖頭一邊說，整修費用需要一百萬英鎊。葛林夫婦的小兒子曾擔任自家公司的會計好幾年，此時他滿臉愁容，將頭埋在手中。

　　「如果我們當初盡全力生產，不管建物，五年前我們就有足夠的錢整修房子。現在，經過十年的績效不彰，我們已經破產了。」

　　葛林夫婦當初試著保護遺產，但實際上卻毀了遺產。

資料來源：*The Skeptical Environmentalist* by Bjorn Lomborg (Cambridge University Press, 2001)

　　這則寓言可以當成有關企業預期計畫的教訓，但是它的趣味不僅止於此，而是反映了更廣泛關切的兩難：我們如何回應我們目前面對的環境威脅？

　　以氣候變遷為例：專家同意氣候的確在變遷中，而且變遷很可能是人類造成的，但是現在我們不知該採取什麼樣的實際措施來停止氣候變遷。舉例來說，京都議定書只能延緩大約六年的時間；然而，光是美國用來實施議定書的成本，就相當於供應全球人口乾淨飲用水所需的金額。因此，你必須質問京都議定書的成本是否值得支付。

　　重點不在於，沒有京都議定書時，美國實際要提供多少乾淨飲水給全世界，而是防止氣候變遷與葛林家防止房屋倒塌有著相似之處。我們是否跟葛林家一樣，為了延緩不可避免的氣候變遷，犧牲了經濟成長，結果卻剝奪了下一代用來解決上一代遺留下的問題所需的資金？如果犧牲經濟成長只會讓我們無法充分準備以面對氣候變遷的衝擊，擱置氣候變遷問題應該是最好的做法。

　　這並不是說，我們應該對全球暖化置之不理，只是指出應該確認什麼才是有效的，才不會在無意間讓事情變得更糟。我們要考慮的不只是環境破壞擴大的問題，還包括下一代是否有能力處理環境破壞。許多綠色人士不惜代價地避免環境破壞，其短視程度如同葛林家的策略：不惜代價將對農舍的破壞減到最低。

　　這聽起來似乎是常識，但是對於關切環境的人而言，卻容易引起直覺上的厭惡。其理由有三：首先，這種說法暗示，讓地球在短期內獲得更多污染有時反而是好事。其次，這種說法強調經濟成長在提供解決問題的資源上扮演的角色；然而，強調金融與

經濟卻容易引來綠色人士的憎惡。第三,這種說法通常連結著這樣的觀念:未來科技有助於解決環境問題;然而,科技被許多環保人士視為環境問題的來源,而非解決之道。這三個理由或許能解釋綠色人士為何反對這種說法,而非支持這種說法。

會讓你想破同一片頭蓋骨的問題:

56

生命如滄海之一粟

多年來，費利爾一直夢想要建造全視角漩渦。現在他已準備要進行測試，卻開始質疑所有的努力是不是個恐怖的錯誤。

費利爾第一次聽說這種機器，是從二十世紀末廣播節目播放的科幻小說中聽來的；不管是誰，只要進入這部機器，就會看見自己在宇宙中的真實地位。原著小說提到，任何使用這部機器的人，都會發現自己毫無意義，其衝擊之大足以粉碎使用者的靈魂。

費利爾在建造機器時動了點手腳：他認為，既然每個人都不具意義，每個人看到的事物就應該大同小異；而在計畫中，他也相信機器不會粉碎他的靈魂。費利爾就像卡繆筆下注定不斷推著大石上山、卻只能看著大石再次滾下山的薛西弗斯，他有能力面對自身不具任何意義的荒謬並且克服。

現在，費利爾即將測試機器，他的內心充滿不安。他真能接受自己在宏觀事物架構中無限渺小的地位？要知道這一點，只有一種方法……

資料來源：*The Restaurant at the End of the Universe* by Douglas Adams (Pan Books, 1980)

做為思想實驗，全視角漩渦是矛盾的。一方面，它讓我們想

像進入漩渦會是什麼樣子；另一方面，這個假想裝置的整體目的
卻是，讓我們無法想像它能讓我們看見什麼。

　　儘管如此，思考漩渦可能產生的效果，還是有其價值。在《星
際大奇航》(*The Hitchhiker's Guide to the Galaxy*)中——漩渦觀念的出
處——的確有人從漩渦中倖存。畢波布羅克斯平靜地走出漩渦，
他說這部機器顯示出他是個「了不起的傢伙」；然而，我們無法
確定畢波布羅克斯是否真的從機器中倖存，還是他看到的自我意
義已經遭到扭曲。

　　畢波布羅克斯經歷的是真實情境嗎？當然有可能。如果人類
能在機器中感受到自己的價值或意義，就表示問題出在是否使用
了適當的尺度。高爾夫球友誼賽的成績，對國際巡迴賽不具任何
意義；美國公開賽的成績，放在整部人類史中同樣毫無意義；我
們在地球上發生的一切，放在整個宇宙脈絡中顯得渺小不堪。這
些都是事實，但不表示用來衡量事物意義或價值的真正標準，必
須根據事物是否對整個宇宙造成影響來判斷。用這種方式判斷自
己的生命，並因此死於漩渦中，等於是用錯誤的尺規衡量自己的
生命。

　　我們也可以思考觀察者如何看待這整個過程。畢波布羅克斯
擁有巨大的自我，同樣面對漩渦，他看到的景象真的和其他人相
同嗎？其他人看到自己無限渺小而感到絕望，畢波布羅克斯反而
驚嘆於自己的巨大與重要。

　　這是漩渦觀念的矛盾之處。漩渦應該顯示人們的重要性，卻
未顯示出來。你可以基於特定目的，顯示某人的重要性，例如美
國職業運動中最有價值球員的排名。我們可以用各種方式衡量自

己的重要性，但是哪一種方式最正確並無客觀標準。想想有多少人放棄名聲與財富，只為了與自己珍視並珍視自己的人在一起。他們的愛情放在宏觀事物架構中根本毫無意義，但是他們會在意這一點嗎？對他們而言，愛情代表一切，而這已經足夠。

會讓你想破同一片頭蓋骨的問題：

57

吃吧，不要浪費！

「勤儉持家」是德莉雅的座右銘。德莉雅極為尊敬父母那一代的儉約習慣——上一代曾經歷戰爭，他們人生絕大多數的時間都處於相對匱乏的狀態。德莉雅從父母那裡學到許多同年齡的人未曾學過的技術，例如如何剝兔子皮，以及如何利用動物內臟做出簡單好吃的菜餚。

有一天，德莉雅在位於市郊的住處聽到尖銳的煞車聲，她跑出去一看，發現自己養的貓提多斯被車撞死了。德莉雅第一個念頭不只是遺憾與悲傷，還包括了實用價值：提多斯受到猛烈撞擊，但是沒有被輾過；事實上，牠成了一塊可吃的肉。

當晚，德莉雅家的餐桌上端出了味道刺鼻的燉肉，恐怕許多英國家庭都不曾嘗試過這道菜，但是德莉雅家已經習慣這種舊式吃法。德莉雅告訴丈夫這道菜的來歷，想當然爾，孩子們的目光一直盯著德莉雅。此外，小女兒梅西吃得不甘不願，並且隔著熱氣蒸騰的燉肉鍋，對母親投以指控的憤怒眼神。德莉雅瞭解梅西的心情，但是梅西的確找不到德莉雅做錯的理由。

資料來源：'Affect, culture and morality, or is it wrong to eat your dog?' by Jonathan Haidt, Silvia Helena Koller and Maria G. Dias in the *Journal of Personality and Social Psychology*, 65 (1973)

　　禁忌的力量很強大。西方與世界上絕大多數國家，多半不認為吃肉構成道德問題，有時他們吃的肉甚至來自於在恐怖環境中豢養的動物。有些農場動物，例如豬，甚至比家中的寵物還聰明。

　　然而，吃某些種類的肉卻會引起反感。許多英國人認為吃馬肉或狗肉是野蠻的行為，而英國穆斯林則認為吃豬肉是不對的。吃寵物尤其惹人嫌惡。人人都能接受燉兔肉，只要你沒有為這隻兔子取名字，並且將牠養在籠子裡。

　　這些判斷是否具有道德基礎，或只是文化制約下的反射動作？假設你不是倫理素食者——倫理素食者認為吃肉就是不對——就很難看出道德與這件事有什麼關係。事實上，就德莉雅的例子來說，吃掉家貓搞不好反而更有道德，畢竟世上有那麼多人處於貧困，故意浪費資源確實不道德。因此，如果吃肉並非不對的行為，加上又有現成的肉可取用，丟掉肉似乎是不對的——我們應該吃掉這些肉。基於這個理由，德莉雅是道德英雌，她做了其他人不敢做的好事。

　　有人可能會反對，認為吃寵物等於背叛你和寵物之間賴以維持的信賴感，你不可能從朋友與保護者的身分輕鬆轉變成講求實效的農夫。這不只在心理上難以調適，也破壞了人類與動物之間關係的基礎。

　　然而，我們不難想像，在某些文化中，吃寵物乃至於朋友反而是彼此關係達到頂點的邏輯結果。在普曼（Philip Pullman）的《黑暗元素》（*His Dark Materials*）三部曲中，武裝熊王歐瑞克藉由吃掉他死去的朋友斯科斯比，表達榮耀朋友之意。雖然三部曲的讀者絕大多數是兒童，但是普曼說，兒童似乎很自然地接受了這樣的

安排。

　　動物是朋友還是食物，似乎是個錯誤的二元對立問題。在道德上，吃掉死去的寵物是可接受的，不吃反而是應受責備的浪費行為。

會讓你想破同一片頭蓋骨的問題：

—— 58 ——
上帝的必殺令

上帝對哲學家說：「我是天主，你的上帝，我命令你犧牲你唯一的兒子。」

哲學家回答：「這似乎不太對，你在十誡裡規定：『不可殺人。』」

「我自己訂的規則，我當然可以取消。」上帝回答。

「但是，我怎麼知道你是上帝？」哲學家堅持地說：「也許，你是想愚弄我的魔鬼？」

「你必須相信！」上帝回答。

「相信，還是精神錯亂？也許是我的心靈在跟我開玩笑？也許你想用欺詐的方式測試我，想看看我是否已經完全失去道德本質，願意聽任雲端傳來的低沉聲音擺布，殺害自己襁褓中的兒子。」

「我是全能者！」上帝大喊：「對你來說，你說的一切固然合理，但你只是個凡夫俗子，怎麼敢拒絕我──天主──你的上帝的命令！」

「恐怕就是如此。」哲學家說：「而且，你一直沒有給我足夠的理由讓我改變心意。」

資料來源：*Fear and Trembling* by Søren Kierkegaard (1843)

在《創世記》中，上帝找到極為恭順的僕人亞伯拉罕，他遵循上帝的指示，準備犧牲自己的兒子；直到最後一刻，天使出現阻止了亞伯拉罕，當時他手上正握著刀。亞伯拉罕表現出前所未有的信仰典型。

亞伯拉罕到底在想什麼？讓我們假設亞伯拉罕堅定地信仰上帝，而上帝也確實存在──這並非無神論者對亞伯拉罕行動的批判──當時亞伯拉罕接到指示要殺害自己的兒子；不過，亞伯拉罕大概是瘋了，不然怎麼會遵照指示去做。在前面的對話中，哲學家提出的問題都可以用在亞伯拉罕身上：上帝很可能什麼話都沒說，而是魔鬼在說話；亞伯拉罕可能瘋了；這個測試也許是要看看亞伯拉罕會不會拒絕。這三種可能性似乎比上帝命令亞伯拉罕犧牲自己的兒子更合理，畢竟，慈愛的上帝怎麼會下令做出如此野蠻的行為？

在《創世記》中，人類與造物主的關係似乎比今日信徒與上帝的關係更直接，上帝與亞伯拉罕的對話彷彿兩人坐在一起交談。在神人親近的世界中，上帝指示亞伯拉罕殺子的真實性不容懷疑；但是在今日我們熟知的世界中，沒人敢確定自己的確聽到上帝的話語。即使亞伯拉罕真的聽到上帝的話語，我們也無法確定上帝是不是在測試亞伯拉罕會不會拒絕。

如果這是一則有關信仰本質的故事，它帶來的訊息會是什麼？它不只指出了信仰者遵循上帝的指示，不論這項指示有多麼不愉快，也指出了信仰者永遠無法確知上帝的指示是什麼。信仰不是等到上帝要求你行動時才產生，不管上帝是否顯現，你都要將信仰擺在第一位。有時，信仰要求信仰者超越證據，相信那些

悖逆正確與真實之物，例如要求你違反上帝不許殺人的誡命。

講道壇上宣揚的信仰通常不是如此。信仰是安定的磐石，能讓信仰者的內在感到平靜與堅定；然而，如果亞伯拉罕基於自己的信仰，準備平靜地殺害自己的兒子，那就表示他未能理解自己的信仰跳躍所帶來的風險。

如果你還沒被說服，可以思考一下那些相信上帝希望他們成為自殺炸彈客、希望他們殺害娼妓或屠殺少數族群的人。在你說上帝絕對不會命令人們做這等邪惡的事之前，回想一下亞伯拉罕基於三種可能所信仰的上帝：祂不僅命令亞伯拉罕犧牲以撒，也允許強姦他人的妻子做為對丈夫的懲罰（《撒母耳記下》第十二章）；祂不僅下令殺死其他宗教的信徒（《申命記》第十三章），也要求用石頭打死那些褻瀆祂的人（《利未記》第二十四章）。上帝可能提出各種意想不到的要求，有些信仰者無論如何都會遵循上帝的旨意。

會讓你想破同一片頭蓋骨的問題：

8 先有善，還是先有上帝？

18 理性至上？

34 人不是我殺的！

95 老天，告訴我天理何在？

───── 59 ─────
我的紅是你的藍

　　若是能透過別人的眼睛看世界，你會看到什麼？對瑟西莉雅來說，這已不是假設或隱喻的問題。她剛剛加入相當熱門的U-View環球視覺資訊交換網，這交換網能連結自己與他人，使自己能確切看到別人看到的景象，而且感覺就像親眼目睹。

　　對任何人來說，這都是難得的經驗，對瑟西莉雅更是充滿驚奇，因為當她看到她的朋友路克看到的世界時，彷彿整個世界都是反過來的。對路克來說，番茄是紅的，但是對瑟西莉雅卻是藍的。同理，天空變成紅的，香蕉成熟則是由黃轉綠。

　　當U-View的工作人員聽到瑟西莉雅的狀況時，立刻進一步測試她，結果發現瑟西莉雅是以顛倒的光譜看世界：對她來說，每個顏色都是其他人看到顏色的互補色。由於這個差異是系統性的，因此，要不是U-View系統發現，誰也不會知道。最後，瑟西莉雅可以跟其他人一樣，正確指出番茄是紅的。

　　你看到的世界可能跟瑟西莉雅一樣嗎？如果我透過你的眼睛看世界，我也會覺得你所看到的落日是藍的嗎？我們不可能知道答案，因為不管你怎麼看世界，只要感覺色彩的架構跟我一樣有規律，我們說的或做的就不會產生差異。對我們來說，綠色就是草、萵苣、豌豆與一元美鈔油墨的顏色；橘子是橘色的，憤怒者

眼中看到的是紅色，歌手則只看到憂鬱的藍色。

使用顏色詞彙是否精確，完全取決於對公共物品的指稱，而非個人經驗，你不可能矇著眼睛就能看到藍色是什麼樣子。基於人類相同的生理構造，我敢假定，我們彼此看到的晴朗夏日天空不會有太大差別。

你也許會問，我們如何知道誰有色盲。這個問題的答案，使得世上許多類似瑟西莉雅的人，都能跟常人一樣在人群中生活，毫無阻礙。色盲沒有辨別顏色的能力，擁有完整色彩視野的人則能清楚辨別各種顏色。舉例來說，大多數人能在綠色背景中辨別出紅色，但是色盲不行。在色盲個人的感官經驗中，根本不存在從綠色看出紅色的經驗，因此，我們可以藉由測試看出誰是色盲。感官經驗決定了人們對色彩差異所做的公共判斷，只要某人能夠跟別人一樣區別出色彩差異，我們就無法從比較中得知他看到的色彩跟別人有什麼不同。

每個人看世界的方式都不一樣（或者，聆聽、品嚐或感受的方式也不一樣），這不足以引起人們的好奇與懷疑。較讓人感到興趣的，是可以描述心靈生活的語言應用與字彙意義，這些反而具有更多可能性。簡言之，像「紅的」這個詞彙並不是用來描述特定的視覺感受，它只是世上的一種規律，能與我們如何看紅色的規律相符應。當我們說番茄是紅的，「紅的」這個詞彙並不指稱我們知覺的顏色，而是指稱世界的一種特徵，這種特徵也許在其他人眼中完全是另一種顏色。這表示，當瑟西莉雅與路克都說天空是藍色時，他們說的都對，即使看到的顏色完全不一樣。

如果這種說法可以適用在顏色上，是否也可以適用在我們經

常認為屬於內在與私人的事物上？「疼痛」是一種感受，還是一種對感受的回應？當我說我頭痛時，我指稱的是我的頭部有一種令人不愉快的感受，這種說法有錯嗎？這種說法會不會將心靈語言翻轉過來？

會讓你想破同一片頭蓋骨的問題：

——— 60 ———
照我說的做，不是跟著我做

　　珍娜絲正準備發表飛行對全球暖化的衝擊。她將要告訴聽眾，商務飛行一年排出的主要溫室氣體二氧化碳總量，甚至多於非洲國家的總和。她將要告訴聽眾，光是一次長途飛行的污染量，就大於十二個月的汽車旅行。珍娜絲的結論是，如果想要拯救地球，就必須更進一步減少搭乘飛機的次數，並鼓勵民眾減少旅行，或是改用其他交通工具。

　　正當珍娜絲想像她的演說獲得熱烈歡迎時，端酒過來的空服員打斷了她的美夢。偽善？珍娜絲可不這麼想，她很清楚自己搭乘的班機對環境的衝擊可說是微乎其微；就算她拒絕飛行，全球暖化也不會因此減緩一秒，真正需要的是大量改變與政策改變。珍娜絲的工作——必須搭飛機到世界各地遊說——是為了解決溫室效應，拒絕飛行完全是個毫無意義的舉動。

　　於是，珍娜絲轉到機上電影頻道，此時播映的剛好是《明天過後》。

　　用這種方式解釋「每一份微薄的助力」，當然可以讓自己舒坦一些，但是這樣想真的對嗎？這要取決於你怎麼看待這件事。舉例來說，如果每個英國人捐助一英鎊給慈善機構，加總起來竟有五千六百萬英鎊之多；個人的力量有限，但集體為之就能造成

巨大的力量。然而，換個角度來看，如果所有人都捐了，只剩一個人沒捐，此時募得的總金額只差一英鎊就達到五千六百萬英鎊；不管這個人最後捐不捐，都不會對已募得的款項造成任何重大的影響。

思考這些事實，人們會合理地認定自己的付出並不重要，不管自己做不做，都不會影響大局；然而，如果每個人都這麼想，的確會影響整個局勢的發展。這是個悖論，或者，兩種想法可以並行不悖？

珍娜絲認為兩種想法可以並存。你必須說服大量群眾相信自己的貢獻很重要，若是有足夠的群眾錯誤地相信這是真的，就能產生我們希望看到的令人稱許的影響力。這其實是一項值得尊敬的詐騙計畫：集體的努力能產生改變的力量，單憑個人的力量不可能做到；然而，除非民眾認為個人的努力能改變一切，否則不可能募集到集體的努力。

這個論證有很大一部分無法說服人，但是很難找出邏輯上的毛病。那麼，為什麼我們覺得這個論證有問題？

一個可能的理由是，儘管珍娜絲找出理由來安慰自己的良知，但我們仍覺得她是個偽善者，因為她做的事跟她要求我們做的剛好相反；然而，這個理由並不能說明她對個人努力的影響的說法有錯。就拯救地球的角度來看，珍娜絲對於飛行所提出的說詞相當合理，但是珍娜絲選擇飛行仍有可能是錯的，我們根據的是另一個理由：珍娜絲告訴別人不該飛行，自己卻選擇飛行，這表示她做了一件不該做的事。換句話說，珍娜絲選擇飛行之所以有錯，與環境無關，主要是因為她違反了倫理命令：要求別人遵

守規則，自己也應該遵守相同的規則。

這似乎能解決明顯的悖論。我們集體對於飛行的鍾愛有害環境，這一點真實無誤：只要加總每個人微薄的排放量。個人的飛行造成的衝擊是可忽略的，這一點也沒有錯：個人微薄的排放量不會造成影響。但重點是，如果我們支持降低二氧化碳排放政策，我們自己也應該遵守，不能有例外。珍娜絲應該受批評的，不是她破壞了地球，而是她未能恪守自己給予他人的忠告。除非你可以用這句話完美地說服別人：照我說的做，不是跟著我做。

會讓你想破同一片頭蓋骨的問題：

55 永續發展？

82 反正沒人吃虧

83 己所不欲，視情況施於人？

91 春宵一刻值票價？

———— 61 ————
月球是乳酪做的

月球是乳酪做的——精確地說，是莫扎瑞拉乳酪。我這麼說，等於是簽下自己的死亡證明。你也曉得，他們不想讓我們知道這種事，會說我瘋了。但是，如同黑澤明所說的：「在瘋狂的世界裡，只有瘋子才清醒。」

「不是有人登陸月球了嗎？」針對這點，你怎麼說。錯！那都是假的，是美國國家航空暨太空總署在攝影棚拍攝的。你沒看過電影《魔羯星一號》*嗎？要不是律師出面，那部片子早就被當成紀錄片來宣傳了。

「但是，還有其他無人太空船前往月球。」當中絕大多數也都是假的。而且，就算有些是真的，它們帶回來的樣本反而證實了莫扎瑞拉理論。當然，這些證據全都不對外發表。

「可是，人們還是能用望遠鏡看到月球啊！」好，那你告訴我，你能辨別月球是堅硬的岩石還是柔軟的乳酪嗎？

「如果你說的是真的，這件事早就傳出去了。」你能不能小聲點，也許我們可以因此獲得一筆意外之財；但是，搞不好也會被滅口，或是被送進瘋人院。

想一想：如果沒有無限供應的乳酪，貓王怎麼在月球上活下去？

＊譯注：美國一九七〇年代末期科幻片，描述美國火星登陸船因維生系統出問題而無法搭載太空人。美國當局決定讓太空船自行升空前往火星，但是太空人則送往內陸沙漠，在當地拍攝一齣美國人登陸火星的精采好戲。

聽起來很瘋狂，不是嗎？然而，假如我告訴你，有兩成美國人懷疑登陸月球是假的，你會有什麼感覺？難道這些人都瘋了？如果他們沒瘋，是什麼讓他們在清醒的情況下（即使他們想錯了）認為登陸月球是假的，並且讓莫扎瑞拉假說（Mozzarella moon hypothesis）成了不可思議的噱頭？

　　陰謀論之所以可能，是因為知識的形成有兩種限制。第一種限制稱為「理解的整體性質」：我們相信的任何單一事物都與其他信念連結成網狀。舉例來說，你相信冰淇淋使人發胖，這個觀念連結著其他觀念，例如你相信冰淇淋含有高熱量、脂肪攝取與體重增加的關係，以及營養學的可信度等等。

　　第二種限制有個聽起來相當了不起的名稱，叫做「證據下的理論弱決定論」；用淺白的話來說，就是事實無法提供足夠的證據，決定性地證明某個單一理論為真。漏洞總是存在──其他理論也有可能為真──這就是法院堅持證據只需超越「合理懷疑」的原因，因為要提出超越「所有」懷疑的證據是不可能的。

　　由於存在這兩種知識限制，使得最荒誕的陰謀論也有了揮灑空間。我們有充分證據顯示月球是塊岩石，但是這些證據並不能「迫使」我們只能接受這個結論。所謂的證據漏洞在於，即便如「月球是乳酪做的」這種假說，也能找到前後一貫的證據從旁支持。我們只要重新安排理解之網中其他彼此連結的信念，讓它們前後協調一致，即可重新評估顯微鏡的力量、腐敗的程度與登陸月球的真實性。

然而，可以確定的是，最後你的結論聽起來會相當荒謬。但重點是，結論「與證據相符」，這就是為何會有這麼多人陷入陰謀論（以及其他有關宇宙本質的古怪觀念）魔咒中。「與證據完全符合」，似乎是個讓人不得不相信的理由；不管是什麼理論，絕對都能找到相符的證據，即便如「月球是乳酪做的」這種理論也不例外。

那麼，我們該如何判定理論的優劣？為什麼演化論是正確的，而認為登陸月球是一場戲卻是荒謬的？回答這個問題並不容易，這或許部分解釋了為什麼有將近一半的美國人認為演化論也是一場鬧劇。我們要說的是，光是與證據一貫，不足以讓人完全信服；若是只因符合證據就相信理論，那你應該也會相信貓王現在正在披薩覆蓋的天空中繞著地球航行。

會讓你想破同一片頭蓋骨的問題：

——— 62 ———
我思，故我在哪裡？

　　我叫勒內。我記得曾經讀過這樣的說法：如果有一件事是我能確定的，這件事就是「我思，故我在」。如果我，大衛，現在正在思考，我必須存在才能讓思考繼續進行。這是對的，不是嗎？也許我在做夢或是瘋了，也許我不住在唐頓；然而，只要我正在思考，我就知道露西（也就是我）存在，這讓我感到安慰。我在慕尼黑的生活充滿了壓力，能確定自身的存在讓我安心不少。每天早上沿著香榭麗舍大道散步，我常常想著真實世界是否存在；我是否真的如我所想，住在夏洛特維爾？朋友對我說：「瑪德蓮，再這樣胡思亂想，妳會瘋掉！」但我不認為我瘋了，我已經在不確定的世界中找到確定之物。我思，故我在。我是尼格爾，我思考，因此我實際上是塞德里克。

資料來源：*Discourse on Method* by René Descartes (1637), *Schriften und Briefe* by G. C. Lichtenberg (Carl Hanser Verlag, 1971)

　　這篇獨白是不是前言不對後語？從某個意義上來說，的確如此。說話者不斷地變換自己的姓名，連居住的地方也變來變去。乍看之下，他似乎是在胡說八道。

　　然而，就某個重要意義來看，這段獨白卻完全一貫。說得更

清楚一點，它完全與「我思，故我在」的真理一致；首先寫下這段話的笛卡兒，用它來建立非物質靈魂或自我的存在。不過，批評者認為，笛卡兒的宣示意義大於證明意義，這段詭異獨白可以解釋其中緣由。

關鍵在於，從「我思，故我在」中得到的確定性只在思索的那一刻出現，思想產生的前提在於思想者存在。然而，短暫的確定性不能證明同一個思想者存在於時間過程中，也不能證明思想者與幾分鐘前的思想者是同一人；事實上，「我思，故我在」只能證明思想者存在於思索的那一刻。

因此，獨白是合理的。獨白並非單一而連續的自我所說的話，而是一系列自我的一系列思想，這些自我依序占據了發言者的位置。我們無需以神祕的角度來看待此事，只需將獨白視為某個患有急性多重人格違常的患者所說的話，不同的冒名者依序快速地控制發聲功能。每當他們說「我思，故我在」時，此話絲毫不假；但是往往話一出口，「我」──其存在無可置疑──就消失了。我們甚至發現，在最後一句描繪的處境中，竟然是由第二個「我」為第一個「我」的思想做結。

對於絕大多數沒有多重人格的我們來說，這段獨白究竟有何意義？獨白顯示，笛卡兒的名言所證明的內容，與我們對他的話的認知有很大的差距。我們思索，或許顯示我們存在，但是並未說明我們是什麼，也沒有說明我們在時間過程中是否仍是原來的我們。我們從「我思，故我在」中得到確定性，但是代價卻很高：一旦走出思考發生的瞬間，面對的就是完全的不確定性。

會讓你想破同一片頭蓋骨的問題：

63
我是看到鬼嗎？

這是個非常詭異的巧合。上個禮拜某一天，直美正在買咖啡，她身後的男子摸索著口袋，一不小心鑰匙圈掉了出來。直美撿起鑰匙圈，禁不住多看了上頭搖晃的小白兔幾眼。她把鑰匙圈還給那男人，男人削瘦蒼白的臉孔露出困窘的表情說：「我隨身帶著它，基於情感因素。」他有點不好意思，兩人不再說話。

第二天，直美準備過馬路時，聽見尖銳的煞車聲，緊接著是令人心驚的撞擊聲。直美不加思索地往車禍現場走去，此時圍觀群眾就像被磁鐵吸引的鐵屑一樣聚集起來。直美想看清受害者的長相，發覺竟然是同樣那張蒼白卻慘遭撕裂的臉孔。醫生檢查之後宣布：「他死了。」

警方要求直美做筆錄。「我只知道，昨天他在咖啡廳買了咖啡，還有他身上總是帶著一個小白兔鑰匙圈。」警方證實了她的說法。

五天後，直美排隊買咖啡時，一回頭差點嚇得尖叫，身後站的竟是同一個人。他注意到直美驚嚇的表情，但似乎不感到意外。「你以為我是我的學生兄弟，對吧？」他問道。直美點頭。「車禍之後，妳不是第一個有這種反應的人。我跟我弟都會來這家咖啡廳，但通常不會一起來。」

他說話時，直美忍不住看著他手上的東西：一隻別在鑰匙圈上的小白兔。那個人也沒有因此驚訝。「妳知道的，母親總是喜歡買同樣的東西給每個小孩。」

整個經驗讓直美感到慌張。等她終於冷靜下來之後，其實真正困擾她的問題竟是：她告訴警察的是事實嗎？

資料來源：'Is Justified True Belief Knowledge?' by Edmund Gettier, republished in *Analytic Philosophy: An Anthology*, edited by A. P. Martinich and D. Sosa (Blackwell, 2001)

直美告訴警察：「我只知道，昨天他在咖啡廳買了咖啡，還有他身上總是帶著一個小白兔鑰匙圈。」這兩個事實都是真的。但是直美說她「知道」這些事實是真的，她的話正確嗎？

許多哲學家認為，知識有三個條件。首先，要知道某事，必須相信它是真的。如果你「相信」米蘭是義大利首都，就不可能「知道」羅馬才是義大利首都。其次，你所相信的必須是真的。如果羅馬是義大利首都，你不可能知道米蘭是義大利首都。第三，你的真實信念必須能自圓其說。如果你沒有理由，只是碰巧相信羅馬是義大利首都，而結果你是對的，我們不該說你擁有知識：你只是剛好猜對。

對於死者，直美有兩個真實信念，而她也能合理說明這兩個信念；雖然如此，她並不知道這兩個信念是真實的。直美不知道死者有個孿生兄弟，而他身上也帶了相同的鑰匙圈，因此直美誤以為在咖啡廳遇到的是死者。死者若是直美之前見過的那個人的孿生兄弟，而且死者在此之前並未去過咖啡廳，也沒有帶著相同

的鑰匙圈，直美應該還是會認為死者就是她之前見過的人，只是
這一次她的判斷錯誤。

直美知道的其實不多，即使到了現在，她還是不知道車禍前
一天在咖啡廳看到的那個人是否已經死於車禍，還是毫髮無傷地
和她在咖啡廳碰面。直美搞不清誰是誰。

這個問題的明顯解決方式是，我們必須限縮證成的範圍。直
美不知道誰是誰，是因為她用來宣稱自己知道兩件死者事實的理
由並不充分。如果這是真的，我們就應該要求知識的產生必須全
面設定嚴格的信念證成條件。如此，我們將會發現，我們的所想
所知幾乎都不足以證成為知識。假如直美真的不知道自己對死者
的所想所知，我們也同樣真的不知道自己大部分時間的所想所知。

會讓你想破同一片頭蓋骨的問題：

1　欺騙我們的魔鬼

3　印度人不可語冰

40　騎木馬，得明牌

76　我的大腦會上網

—— 64 ——
要避免流血，必須先流血

總統低聲地說：「你剛才的建議是違法的。」

「確實如此，總統先生，」將軍回答：「但你心裡明白，這是保護人民的最好方法。現在局勢很清楚：塔圖姆決定要在自己的國內發動種族清洗，並且打算攻擊我們。我們的情報顯示，其實他在國內並無支持者；如果我們除掉他，該國的穩健派領袖內斯塔將會接替他的位置。」

「話雖如此，但是你說除掉他，暗殺外國領導人可是違反了國際法。」

將軍嘆氣說：「但是，總統先生，你必須瞭解這種選擇有多簡單。一顆子彈，之後由安全人員善後，就能避免一場大規模的屠殺，以及可能發生的戰爭。我知道你不希望自己手上染血，但是讓對方的人民和我們的人民血流成河，難道就是上策嗎？」

道德擁有較法律更高的權威，這是為什麼我們贊成在國家法律明顯不正義、沒有法律管道足以反抗時，公民有不服從法律的權利。或許我們不同意，非洲民族議會對抗種族隔離時合理化某些行動；但是，要求南非提供法律抗爭的機會給該國黑人，卻也是相當可笑的想法。

想像一個人們必須違法才能做出正確事情的情景，並不困

難：拯救生命比遵守速限更重要；你不該為了避免侵入他人住宅，放棄追逐危險的罪犯；寧可偷竊也不要餓死。

若是同意這一點，則要求總統做違反國際法的事並不能解決是否應該做的問題。我們應該問的是，情況是否真的嚴重到不訴諸違法行動就不能避免可怕後果的程度？

將軍的估算若是正確的，暗殺行動似乎就可以被合理化。舉個陳舊的例子：如果你知道希特勒未來會做的事，難道不會趁他年輕時殺了他嗎？如果不殺他，是否表示你將他的生命看得比猶太人大屠殺死亡的六百萬條生命、以及其他因他發動戰爭而死亡的無數生命來得重要？

然而，就像推翻海珊政權所顯示的，問題經常出在情報錯誤。事後看來，我們也許認為當初應該早點行動，但我們不可能確定接下來的後果是什麼。暗殺可能阻止一場種族清洗與戰爭，但也可能造成更大的不安，或只是換人上台繼續屠殺。我們必須尊重非預期後果法則。

雖然如此，總統可不能輕鬆地聳聳肩說：「事情該怎麼樣就怎麼樣。」政治人物的工作，就是估算目前與未來最有可能發生的情況並做出決定，不能只因估算可能錯誤就毫無作為。制定政策不是以絕對確定為基礎，而是以或然率。

因此，這個兩難仍未解決。如果塔圖姆未被暗殺，而且如預期般展開種族清洗並發動戰爭，總統將難辭其咎，他總不能這樣辯解：「是的，我知道這件事有可能發生，但是我無法確定，所以決定袖手旁觀。」在此同時，總統也不可能僅僅仰賴不可靠的情報就無視於國際法的存在。總統該如何決定？可以確定的是，

這絕對是個很困難的決定。

會讓你想破同一片頭蓋骨的問題：

65

我的前世今生

　　自從有記憶以來，費絲就相信靈魂轉世，但是最近她對前世的興趣又進展到新的層次。費絲拜訪了靈媒瑪裘莉，並且頭一次得到有關自己前世的訊息。

　　瑪裘莉告訴費絲，她的前世是個生活在特洛伊圍城時代的貴族婦女，名叫索絲梅。費絲從瑪裘莉口中得知，索絲梅曾經大膽逃離特洛伊；先是逃到士麥那，然後抵達克諾索斯。索絲梅顯然是個既勇敢又美麗的女子，她在克諾索斯與一名斯巴達將領相戀，並且在當地度過餘生。

　　費絲並未查閱特洛伊的真實歷史，以檢證瑪裘莉口中的故事，也從未懷疑自己就是那個曾經寄居於索絲梅體內的靈魂；然而，她對於這當中的涵義卻有著近乎焦慮的關切。雖然費絲對於自己曾是希臘美女感到高興，卻完全不記得自己曾在克諾索斯生活，也對瑪裘莉描述的那名女子毫無感受，不理解為什麼自己和索絲梅會是同一個人。費絲找到了有關索絲梅的生平資料，但是看起來似乎和她的生活毫無交集。

資料來源：Book two, chapter XXVII of *An Essay Concerning Human Understanding* by John Locke (5th edn, 1706)

　　世上有許多人相信各種形式的靈魂轉世或再生，我們有很多
理由可以說明這些人的想法是錯的。不過，在此之前，先假設我
們的確擁有靈魂，而且靈魂轉世確有其事，接下來會發生什麼事
呢？

　　這正是費絲想要解決的問題。儘管瑪裘莉告訴她的故事有點
可疑──為何我們的前世通常都是一些有趣又顯赫的人物，而且
過著多采多姿的人生──但是她並不想爭論其真實性。費絲想問
的是：若我的確擁有和索絲梅相同的靈魂，會不會跟她完全一樣？

　　費絲的直覺反應是「不會」。她不覺得自己跟索絲梅是同一
個人，這一點並不讓人意外。回顧過去的自己（而非已逝的自己）
時，能讓我們覺得自己還是原來的自己，是某種程度的心理連結
與連續性。我們記得那個人，做那個人做過的事，主張那個人主
張過的信念等等。我們也感覺到目前的自己是發展自那個人。

　　假如我們的靈魂的確寄居在前世的某個人身上，對於這些
人，我們並無心理連結。費絲不記得自己曾是索絲梅，也不覺得
自己脫胎自索絲梅，因此必須由瑪裘莉來告訴費絲，索絲梅做了
什麼與想了什麼。少了這些連結，我們如何能說索絲梅與費絲是
同一個人，即使她們曾經分享同一個靈魂？

　　這個思考方向若是正確的，那麼，即便我們的靈魂能從肉體
的死亡中倖存下來，也不必然表示我們能從肉體的死亡中倖存。
自我要能持續存在，似乎必須仰賴心理的連續性，而非某種奇怪
的非物質實體。靈魂的持續存在並不能保證自我的持續存在，就
像它無法保證心臟或其他器官繼續存在。

　　現在可以思考一下看著自己嬰兒時期的照片是什麼感覺。要

瞭解照片中的嬰孩，通常必須問某個在當時是成人而且記得當時
情景的人。「那時的我在做什麼？」你會這麼問他們，如同費絲問
瑪裘莉：「當時我在特洛伊做什麼？」你和那個剛學走路的小孩的
心理連結非常薄弱，甚至覺得彼此沒有任何連結存在。難道這意
味著你跟幼年時期的你並非同一個人，就像費絲不同於索絲梅？

會讓你想破同一片頭蓋骨的問題：

—— 66 ——
偽造的藝術與價值

〈黎明的白楊路〉正式被列入梵谷傑作之林。這幅「消失已久」的畫作將以數百萬英鎊賣出，而且也將引起學者普遍關注；他們會拿這幅作品和梵谷另外兩幅繪於不同時期但題材相同的作品做比較。

這讓范登堡頗為高興，因為是他畫了〈黎明的白楊路〉，而非梵谷。范登堡是個偽造專家，他有把握自己最新的創作絕對會被鑑定為真品。這不僅能讓他陡然而富，還能提升他的專業地位。

只有少數幾個密友知道范登堡在當中耍了花樣，有人表現出強烈的道德不安；對此，范登堡只是嗤之以鼻。對范登堡來說，如果這幅畫的評價與梵谷作品平分秋色，買家支付的每一分錢就都是值得的；如果有人只因這是梵谷的作品而支付了比真實價格還多的金錢，這個人就是笨蛋，讓這種人當冤大頭也是應該的。

偽造明顯不是一門有品格的專業，因為它勢必涉及欺騙。偽造者成功，就意味著有人受騙上當，將假貨當成了真品。

然而，欺騙不見得非受責難不可，有時公然說謊反而是道德所必需。假如有種族主義暴徒企圖使用暴力，問你知不知道哪邊住著「外國人」，你最好假裝不知道，而不是老實指向二十三號房。因此，重點在於說謊是為了高貴還是卑劣的目的，以及欺騙

會產生什麼樣的後果。

　　偽造者的目的似乎並不單純：他們只是想賺一大筆錢。然而，即使是誠實的藝術家，其作畫動機也有一部分出於金錢，對此必須加以釐清。要評價偽造的藝術，必須從更宏觀的角度來看。

　　在虛構故事中，范登堡提出一套可信的理由，為自己的作品辯護；說得崇高點，偽造者其實是在提醒我們藝術的真實價值，並且嘲笑藝術市場以金錢價值取代美學價值。偽造者成功的關鍵有二：他可以創作出與他臨摹的大師不相上下的作品，或者創作以假亂真的作品來賺取暴利。如果贗品確實與現有藝術家的作品不相上下，為什麼我們不推崇這樣的作品呢？如果贗品並不傑出，我們就要問，為什麼人們要花那麼多工夫注意這些劣質品。難道藝術市場的行情不是由美學價值決定，而是由時尚、聲望與名氣決定？畫作上的梵谷簽名，正如貝克漢在球衣簽上自己的名字，都有增值的效果。事情若真是如此，因為贗品流入這些虛有其表的交易市場而提出抗議，其實是一種可笑的舉動。

　　從這點看來，偽造者可說是打游擊戰的藝術家，他們在藝術遭到貶低與商品化的文化中，為創造力的真實價值而戰。當然，偽造者是騙子，但游擊戰原本就不是以正大光明的方式進行。體系必須從內部撕裂起，一片一片地扯碎。唯有每件作品都能就本身的優點受到評價、而非仰賴角落的簽名時，這場戰爭才算是獲勝。這也就是說，除非有人能提供充分的理由讓我們相信，簽名的確很重要……

會讓你想破同一片頭蓋骨的問題：

---------------- 67 ----------------
一黑，二黃，三花，四白？

改變生命的事件時而有之，相較之下，將薄片餅端到餐桌上實在算不上什麼；然而，這樣的小事卻帶給莎絲奇雅某種心靈顫動，甚至深刻改變她的思考方式。

問題出在端薄片餅上桌的服務生不是印度人，而是白種盎格魯薩克遜人。莎絲奇雅感到困擾，對她來說，外出享受一頓咖哩的樂趣，就是感受異國文化風情。就算服務生端上來的是牛肉腰子派，恐怕還比不上服務生的膚色讓她覺得不協調。

然而，莎絲奇雅越想越不對勁。她自認為是多元文化主義者；也就是說，她能正面欣賞多元種族社會產生的多元文化。然而，莎絲奇雅欣賞的是各民族仍維持自身的民族特色，她希望自己能生活在各種不同的文化中，而這些文化必須維持自己的根基。對莎絲奇雅來說，要成為多元文化主義者，前提是其他人必須是單一文化主義者；然而，如此一來，她理想中的多元文化社會還剩下什麼？

莎絲奇雅有理由覺得不舒服。自由派多元文化主義的核心存在著一個問題：多元文化主義主張尊重其他文化，但是在要求超越單一文化藩籬且尊重各種文化的同時，反而對文化本身構成許多限制。理想的多元文化主義者要能參觀清真寺、閱讀印度教經

文，並且實行佛教的冥想。執守自身傳統的人不可能體現這些理想，因此多元文化主義者——儘管他們口口聲聲說「尊重」——往往認為，這些人比心胸開放的他們還劣等。

這當中存在著某種逛動物園的心態。多元文化主義者四處遊走，讚賞不同的生活方式；然而，這樣做的前提是，這些不同的生活形式必須或多或少保持不變。社會各種次文化就像牢籠一樣，籠子裡的人若能任意出入，多元文化主義者將喪失指指點點或頷首微笑的樂趣；若每個人都是多種文化混雜下的產物，就沒有真正的多元文化足供消遣。因此，多元文化主義者必須維持少數菁英，寄生在自己內在同質的單一文化中。

有些人認為，多元文化主義者也能專注於單一特定的文化中。某些典型顯示，虔誠的穆斯林或基督徒也能尊重其他宗教與信仰體系，並且願意向其他宗教學習。

然而，寬容與尊重其他文化，並不等於對所有宗教一視同仁。對於多元文化主義者來說，最好的做法是能欣賞各個文化的優點，但是不能投入成為基督徒、穆斯林、猶太教徒或甚至無神論者，並且虔誠地信仰這些宗教。對於其他宗教，固然要寬容並尊重，但基督徒若是真誠地相信伊斯蘭教與基督教一樣寶貴，又何必當基督徒？

這是多元文化主義者的兩難。你可以擁有一個各種文化彼此尊重的社會，並且稱這樣的社會是多元文化主義。然而，如果你支持的多元文化主義，是那種珍視多元文化、並且認為所有文化都具有同等優點的意識型態，你就必須承認，生活在單一文化下的人處於較劣等的生活形式——因為他們的生活悖反了尊重所有

文化的觀念——或者，你必須打破特定文化之間的區分，讓人們越來越能珍視其他文化；不過，這將破壞你珍視的多元文化。

在我們的具體例子中，如果莎絲奇雅想要繼續欣賞多元文化，最好期盼其他人不會像她一樣擁抱多元文化主義。

會讓你想破同一片頭蓋骨的問題：
10 到底要怎樣才公平？
55 永續發展？
82 反正沒人吃虧
84 向下沉淪，還是向上提升？

—— 68 ——
如人飲水，疼痛自知

　　車禍讓大衛產生不尋常的腦部損害後遺症。你抓、刺、踢他，他都不會覺得痛；然而，每當看到許多帶有味道的黃色橡樹葉、聽到歌劇歌手唱到高音C、自己不自覺地講出雙關語，或是隨機想起過去的一些經驗，他就會感到疼痛，有時甚至是劇痛。

　　除此之外，大衛也不覺得疼痛是件難受的事。他不會故意尋求疼痛，也不會努力避免疼痛。這意味著大衛不會以尋常的方式表現他的疼痛，例如喊叫或扭動身體。大衛疼痛時唯一的生理徵兆是不自主的痙攣：他會聳肩、眉毛上下快速起伏；或是手肘如翅膀般往外揮動，使他看起來像隻雞。

　　然而，神經學家對於大衛的症狀感到懷疑。他發現大衛感受疼痛的方式與過去不同，但是不管大衛看到「太多黃色」時感受到的痛覺是什麼，那種感覺不可能是痛覺。就定義來說，疼痛是一種令人不舒服的感覺，因此人們都想避免疼痛；或許大衛的大腦受損，使得他忘了真正的疼痛是什麼感覺。

資料來源：'Mad Pain and Martian Pain' by David Lewis, in *Readings in Philosophy of Psychology*, vol. 1, edited by Ned Block (Harvard University Press, 1980)

心靈哲學家熱中疼痛，他們著迷於主觀經驗的性質，以及主觀經驗與客觀知識的關係，而其中最主觀且真實的莫過於疼痛。關於這一點，只要問問有牙痛經驗的人就知道。此外，我們通常很容易看出一個人是否身體疼痛。疼痛不同於其他心靈事件，例如想著企鵝；疼痛不僅影響我們的外在舉止，也影響我們的內在經驗。

因此，如果你想瞭解主觀經驗是怎麼一回事，疼痛會是不錯的研究對象。大衛「痛覺錯亂」的故事是一種嘗試，我們可以研究各種與疼痛相關的變數，藉此瞭解哪一個變數是本質性的，哪一個變數純屬偶然。三個最主要的變數分別是：私人主觀經驗、典型原因與行為回應。痛覺錯亂只有主觀經驗與一般痛覺相同，因果則全然不同。如果我們認為痛覺錯亂是疼痛，就表示我們認定疼痛的主觀感受就是疼痛的本質；而疼痛的原因與反應只是偶然因子，沒有固定模式。

有關疼痛的常識也曖昧不明。一方面，大家都承認疼痛本質上是一種主觀感受，只有哲學家與心理學家才會嚴謹地從刺激—反應或腦部功能來界定疼痛。另一方面，儘管大家承認疼痛是一種主觀感受，但若是有人對疼痛毫不在意也不感困擾，大家又會說這個人並未感受到痛覺。這表示大衛的故事前後矛盾：不管大衛怎麼說，其實他根本沒有痛覺。因此，神經學家的懷疑是對的。而且，我們也只有大衛的話可資研究，憑什麼相信大衛有能力辨識自己的內在感受與未出車禍前相同？

然而，爭議核心關切的是內在與外在的關係。我們似乎可以很簡單地說，疼痛是由疼痛者本身的感受來界定，而內在感受又

與外在行為——如避免疼痛與痛苦神情——緊密連結在一起，但是這種解答顯然過於跳躍。若疼痛真是一種感受，為什麼少了相關的行為，疼痛經驗就不可想像？只說疼痛一定以某種方式顯示並不足夠，你必須說為什麼疼痛勢必以如此方式顯示；除非能做到這一點，否則痛覺錯亂仍有可能是疼痛。

會讓你想破同一片頭蓋骨的問題：

— 69 —
假如人生可以重來

「恐怖至極！恐怖至極！」

許多人猜疑著，是什麼道理啟示了庫茲上校，讓他在臨終前說了這些話。答案在於他嚥下最後一口氣之前領悟的事。庫茲在那一刻瞭解到，過去、現在與未來都是幻覺，時間中沒有一個時刻曾經消失過，發生的每件事情永遠存在。

這表示他即將面對的死亡不是終點，而他經歷的人生將永遠存在。因此，在某種意義上，他經歷的人生將不斷地再次經歷、永恆回歸，每次都一樣。因此，沒有學習、改變與改正過去錯誤的希望。

要是庫茲有個成功的人生，就能忍受這件事情發生。他可以審視自己的工作，覺得自己「做得不錯」，並且在戰勝死亡中平靜地走向墳墓；然而，事實上庫茲的反應帶著恐懼，顯示他未能克服人生重來的挑戰。

「恐怖至極！恐怖至極！」當你想到永恆回歸時，會有不同的反應嗎？

資料來源：*Thus Spake Zarathustra* by Friedrich Nietzsche (1891); *Heart of Darkness* by Joseph Conrad (1902)

　　做為文學批評與形上學，這篇針對庫茲臨終話語——引自康拉德《黑暗之心》——所做的詮釋，說好聽點是完整的思辯作品，說難聽點則是純屬虛構。我尚未看過有文本明白指出，我們應該如何理解庫茲神祕的臨終之言；至於「永恆回歸」的觀念，雖然表面上尼采很認真地信仰它，但絕大多數評論家都不認為這個觀念足以代表尼采極盛時期的思想。

　　儘管如此，永恆回歸以及我們如何對其做出回應的假說，仍是用來進行自我檢視的有趣設計。即使生命並非注定要不斷地重來，但我們能否保有生命不斷重來的想法，對尼采來說，恰可測試我們能否「克服」生命。唯有能完全征服自我與掌控自身命運的「超人」，才能以一種滿足的心情接受永恆回歸，並且面對自己的生命。

　　我們必須牢記，尼采所說的「永恆回歸」，並不是指《今天暫時停止》(*Groundhog Day*) 那樣的狀況。在那部電影中，比爾‧莫瑞發現自己重複過著同一天，但是每天都有機會做不同的事。最後，他學會如何去愛，因而擁有得救與逃離周而復始的可能。尼采的回歸形式是指，人類無法察覺自己在做同樣的事，因此也沒有機會改變；他們過的是完全一樣的人生，不斷地重複。

　　尼采誇大地說，只有不存在的超人才能接受永恆回歸。然而，令人好奇的是，會有多少人——包括那些曾在鬼門關前走一遭的人——說：「假如人生可以重來，我會再做一次同樣的事，完全不會改變自己的做法。」表面看來，這直接悖反了尼采的主張：人們無法忍受永恆回歸。或許錯的人不是尼采，而是無視後果、擁抱過去錯誤的人。當我們試著想像自己過去的惡劣經驗、

鑄下的可怕錯誤、造成的傷害和遭受的恥辱時，難道一點也不感
到難以承受的痛苦？我們之所以未被過去的「至極恐怖」征服，
難道不是因為缺乏想像力，或者至少壓抑住痛苦的記憶？超人不
像我們，他並未讓自己免於回憶的痛苦，並且接受了回歸觀念。
這就是尼采相信超人如此罕有、而其他人一想到歷史無限重演就
會產生庫茲類似反應的原因。

會讓你想破同一片頭蓋骨的問題：

—— 70 ——
突擊檢查

當衛生檢查員來到艾米里歐的披薩店並且馬上關閉他的店鋪之後，朋友都無法相信艾米里歐竟然又馬上開張。他們說，既然艾米里歐知道檢查員很快又會出現，為什麼不乾脆把店鋪打掃乾淨？

艾米里歐的回答很簡單。他已被告知，檢查員會在月底前某一天前來突擊檢查。他坐下來想著對方會挑哪一天來檢查。應該不會是三十一日：如果檢查員在那一天之前都沒有來，就表示會在三十一日檢查，這樣就不能算是突擊。如果不是三十一日，那就是三十日；基於相同的理由，這樣也不算突擊。如果三十一日被排除了，那麼二十九日也不可能是檢查日，因為這樣就表示三十日一定會來檢查，如此也不算突擊。但是，如果檢查不會是在三十日或三十一日，那也不會在二十九日。依這個道理回推，艾米里歐最後的結論是，檢查員不會來檢查。

諷刺的是，在下了突擊檢查不可能出現的結論之後，有一天檢查員走進店門，艾米里歐非常不悅地遭受突擊。他的推論出了什麼問題？

資料來源：廣受討論的「突擊檢查悖論」源於戰時瑞典廣播。

這個難題的簡短回答是，一般人在日常生活中，不會像邏輯學家那樣仔細選擇文字。檢查員所說的「突擊」，是指他們不會預先告知艾米里歐會在哪一天檢查。如果等到三十一日，只剩下一天可以檢查，就不能構成「突擊」。

許多哲學家認為這種回答很無趣，因為它並未解決問題，只是以含混的日常語言模糊焦點。我認為這種批評很狹隘。我們應該常常提醒自己，縱使語言的不精確在其他狀況下會阻礙我們的理解，但是語言的曖昧與灰色地帶有時也能讓我們理解世界。

儘管如此，這個回答的確未能解決問題核心。如果突擊的約定完全遵照字面上的意思，接下來的檢查若不是突擊——例如選擇在三十一日檢查——是否等於違反了突擊檢查的約定？

或許突擊檢查這個觀念本身就有矛盾。從這一點來看，艾米里歐的推論很完美，而他的結論也為真：不會有突擊檢查。因此，預先宣布要突擊檢查，這種做法必定隱含著某種矛盾。

艾米里歐的結論看起來相當適切，但實際上突擊檢查就是會發生；而當他發現這一點之後，也付出了慘重的代價。如果約定被實現了，我們很難說它有矛盾。

另一個耐人尋味的可能在於，推論不會有突擊檢查的人，只是更動突擊檢查的時間而已。舉例而言，在二十九日，艾米里歐將認定三十或三十一日不會有突擊檢查；然而，即使無法突擊，卻還是會有檢查，只是不知道是兩天中的哪一天。既然艾米里歐不知道兩天中的哪一天會來檢查，若是三十日來檢查，還是會構成突擊。

即使是在三十一日檢查，也還是構成突擊，因為艾米里歐已

經認定三十一日不會有突擊檢查；如果當天有檢查，就構成突擊。

　　然而，最讓人驚訝的還是，乍看之下，這個難題只是個語言把戲，當中的邏輯卻比表面還複雜。

會讓你想破同一片頭蓋骨的問題：

　16　烏龜賽跑

　25　不理性，毋寧死！

　42　拿了錢就跑

　94　「稅」你千遍也不厭倦

───── 71 ─────
借刀殺人，借花獻佛

葛雷醫生很沮喪，他的末期病人仍繼續以維生機器延續生命。病人最後一次清醒時，曾不斷地要求關掉機器，但是醫院倫理委員會判定，任何故意縮短病人生命的行為都是錯誤的。

葛雷反對委員會的決定，而且對於忽視病人的意願感到不安。他也認為，以機器延緩死亡只是讓病人的朋友和家屬更加痛苦。

葛雷站在病床邊哀傷地望著病人，但是這時發生了一件怪事。醫院的清掃婦勾到維生機器的電線，插頭因而脫落，機器發出嗶嗶的警告聲。清掃婦覺得不大對勁，向站在病床邊的葛雷尋求協助。

「不用擔心，」葛雷毫不猶豫地說：「沒問題，繼續做妳的事。」

對葛雷來說，的確沒問題，因為沒有人故意縮短病人的生命；葛雷只是不理會意外脫落的插頭，讓機器自行停止維繫病人的生命。現在他既可以獲得自己想要的結果，也不用違反倫理委員會的指示。

資料來源：*Causing Death and Saving Lives* by Jonathan Glover (Penguin, 1977)

殺人與任其死亡之間存在著清楚的差異，但是這項差異具有

道德意義嗎？在這兩種情況中，如果死亡都是故意且經過審慎決定造成的，做出決定的人是不是都應該受到責難？

在葛雷醫生的例子中，要在殺人與任其死亡之間做出明確區別似乎有點奇怪。葛雷想關掉維生機器，讓病人死亡；事實上，他只是沒有重新插上機器的插頭，但是意圖與結果都跟殺人一樣。採取行動讓病人死亡若是錯的，不採取任何行動防止病人死亡當然也是錯的；或者，換個角度來說，讓病人死亡在道德上若是說得過去，關掉機器當然也沒有道德上的問題。

不過，法律對安樂死的規定確實明確區分了殺人與任其死亡，這造成了古怪的結果。一方面，醫生可以停止餵食處於永久植物狀態的病人，讓病人逐漸餓死；另一方面，醫生卻不可注射致命藥物，助其加速死亡。不管是哪一種狀況，病人都沒有知覺，也不會受苦，但我們很難理解，餓死為何會比快速無痛的死亡更具倫理上的優越地位。

有人認為，雖然殺人與任其死亡之間並不總是存在道德意義的差異，但是基於法律與社會理由，仍不允許故意殺人的行為。這當中存在著倫理的灰色地帶，如維生機器的例子，但社會還是需要規則與最佳、最明確的界線，以區別殺害與任其死亡。在一些疑難案件中，或許無法取得令人滿意的結果，如葛雷醫生的病人；然而，這總比為醫生大開故意殺人之門還好。

在殺人與任其死亡之間劃定界線，雖然是區別倫理與非倫理治療的最好方法，但是這種做法仍有問題：為何不訂定基本原則，將病人的痛苦降到最低，並且尊重病人的意願？

不論做出什麼結論，葛雷醫生的例子顯示，從倫理的角度來

朱立安・巴吉尼
JULIAN BAGGINI

看，殺人與任其死亡之間的區別仍然充滿了問題。

會讓你想破同一片頭蓋骨的問題：

—— 72 ——

拯救鸚鵡佩西

「今天,我要根據歐洲人權公約第四條『免於奴役或強迫勞動的自由』,向我所謂的雇主波利先生提起法律訴訟。

「自從波利先生在委內瑞拉抓到我之後,我就遭受違反個人意志的待遇,並且被剝奪了擁有金錢或財產的權利。這是不對的。我跟各位一樣是人,可以感覺疼痛,有計畫與夢想,也能說話、推論與表情達意。你們對待我的方式根本不像是對待人,為什麼讓我遭受這種露骨的虐待呢?

「我聽到的回答是:『因為你是隻鸚鵡,佩西。』是的,我的確是一隻鸚鵡。雖然人權公約講的是人權,但是裡面也提到『每個人』,『每個人』就是指『所有人』。什麼是人?過去認為只有白人才算是人,現在這個偏見已經被打倒了。當然,人是能思考且具有智力的存有,不僅能推論與反思,也具有自我意識。我也是這種存有,我是人;因我的物種而反對我有自由權利,這種偏見就跟種族主義一樣沒有說服力。」

資料來源:Book two, chapter XXVII of *An Essay Concerning Human Understanding* by John Locke (5th edn, 1706)

聽多了有關生物學的樂觀與悲觀說法,或許你也開始相信佩

西的例子將在不久的未來出現。誰知道基因工程何時將培育出具有超級智力的鸚鵡或──更有可能──黑猩猩？

若是真有那麼一天，我們製造出的還算是人嗎？「人」與「人類」並不是相同種類的範疇：後者是生物物種，前者明顯較不具生理學特徵。想想我們如何對待科幻小說中具有智慧的外星生物，例如《銀河飛龍》中的克林貢人。「他們也是人」似乎不只是合理的反應，也是正確的反應；另一方面，說「他們也是人類」卻是錯的。

從道德觀點來說，哪一種範疇較為重要？想想拷問克林貢人是否合於道德。「沒問題，反正他不是人類。」這種話在我聽來會招致道德憤怒；另一方面，「別這麼做，他可是人。」聽起來則合於道德。

如果這個推論方向正確，佩西就不該只是能自由飛翔，而我們也應該重新思考如何看待自己和其他動物。首先，我們的道德意義在於，我們擁有人的性質，而非擁有人類的性質。因此，我們的認同並非決定於我們的身體外形，而是決定於身為一個人必須擁有的自我特徵：思想、情感與知覺。我們要求他們像人一樣存在，而非擁有人的身體。

其次，佩西指出的種族主義，隱含了「物種主義」的可能性。每當我們認為，生物應該依照不同的分類而有不同的對待方式──即便這種生物學差異與道德並無關聯──物種主義就會出現。

事實上，其他動物根本沒有足夠的人的特質，因此沒有資格得到歐洲人權公約的保護；然而，許多動物不僅有痛覺，某種程度上還會記得、預期疼痛。難道我們不該主張，在道德上有義務

將疼痛列入考慮，並且避免造成不必要的疼痛？如果只因動物不是人類而未能做到這一點，豈不是犯了物種主義的錯誤？我們必須回應這樣的指控，即便法院不太可能受理。

會讓你想破同一片頭蓋骨的問題：

朱立安・巴吉尼
JULIAN BAGGINI

——— 73 ———
我是蝙蝠俠

　　成為蝙蝠是什麼感覺？試著想像一下，或許你會看到自己的身體變小，成為蝙蝠的形狀，並與數百隻同類一起倒掛在洞穴中。但是，這還不夠寫實，真正要想像的是寄居在蝙蝠的身體中，而不只是成為蝙蝠。試著再想像一下。

　　如果你發現想像很難，原因之一在於身為蝙蝠的你沒有語言；或者稍微放寬一點，你只擁有原始的語言，如吱吱與鳴叫聲。你不只沒有公共語言可陳述思想，也沒有內在思想——至少不能運用任何語言概念。

　　另一個原因，或許是最困難的部分，蝙蝠是藉由回聲定位找到飛行路線。牠們發出的吱吱聲就像雷達，藉由反彈的聲波知道前方有什麼物體。用這種方式體驗世界會是什麼樣子？可以想像的是，蝙蝠擁有的知覺就跟我們的視覺一樣，但是感覺大不相同。第三個原因更是古怪，蝙蝠看到的景象如同飛機座艙中的雷達螢幕。

　　不，最貼近真實的說明是，透過回聲定位來知覺世界，等於擁有一種完全不同於人類的感官經驗。你能開始想像嗎？

資料來源：'What is it like to be a bat?' by Thomas Nagel, republished in *Mortal Questions* (Cambridge University Press, 1979)

　　要大家想像蝙蝠的知覺世界，這種邀請首次出現在美國哲學家內格爾的著名論文〈成為蝙蝠是什麼感覺〉。回答的困難——如果能回答出來——反映出心靈哲學的難題。

　　心靈的科學研究即便不是處於嬰兒期，也仍停滯於尚未發展的階段；雖然如此，我們還是在許多方面有了重大理解。尤其心靈必須仰賴不斷運作的大腦，而經過長久的研究，我們已經建立起大腦「圖譜」：可以辨識出大腦的哪個區域負責心靈的什麼功能。

　　即便如此，還是存在著心靈—身體的問題。這也就是說，我們知道心靈與大腦之間存在著某種非常緊密的關係，但是身體——例如大腦——如何產生心靈的主觀經驗仍是個謎。

　　內格爾的蝙蝠有助於具體化這個問題。我們逐漸能完全理解蝙蝠的大腦如何運作，以及如何透過回聲定位來知覺外物，但是，完整的身體與神經解釋，仍無法讓我們理解成為蝙蝠是什麼感覺。因此，就算我們瞭解蝙蝠的大腦如何運作，卻仍然無法完全理解蝙蝠的心靈。不過，心靈的存在若只是仰賴不斷運作的大腦，何以會如此？

　　換句話說，心靈的特性在於，它的世界是第一人稱視角。每個有意識的生物都是從「我」的角度來知覺世界，不論是否擁有自我概念。至於物質世界，則純粹是第三人稱的角度：每件事物都是「他」、「她」或「它」。這就是對大腦及其如何運作的描述為何能夠完整——因為它包含了每一件可以從第三人稱觀點捕捉的事物——卻遺漏了最關鍵的經驗層面：第一人稱觀點。

　　這些顯示了什麼？心靈將永遠規避科學的解釋，因為意識與

科學的觀點完全不同？或者，我們只是尚未想出一種科學地理解世界的架構，能同時捕捉第一與第三人稱觀點？或者，心靈原本就不是物質世界的一部分？第一種可能性似乎太悲觀；第二個可能性給予我們希望，只不過我們仍無法掌握這條前進的路；第三個可能性，則完全無視於目前已知的心靈與大腦之緊密連結。找到一條前進的路，似乎與思考如何通往蝙蝠的心靈一樣困難。

會讓你想破同一片頭蓋骨的問題：

—— 74 ——
井水不犯河水

美國國家航空暨太空總署將新行星命名為「孿地球」，這顆新發現的行星不只和地球大小相仿，連氣候和當地演化的生命也幾乎與地球相同。事實上，新行星上甚至還有國家，人們還說著英格蘭方言。

孿地球上有貓、煎鍋、肉捲、電視、棒球、啤酒和——至少看起來是如此——水。孿地球上確實有著乾淨的液體，它們從天上降下，流入河川與海洋，並且成為孿地球人與來自地球的太空人的飲用水。

分析這種液體之後發現，它並不是 H_2O，而是一種非常複雜的物質 H_2No。太空總署因而宣布，先前聲稱在孿地球上發現水是錯誤的。有些人說，如果有動物看起來像鴨子、走路像鴨子、叫聲也像鴨子，那就是鴨子。孿地球上有長著鳥喙的鳥類搖搖晃晃地走著，並且發出鴨子叫聲，但牠們卻不是鴨子。

然而，八卦報紙的頭條卻做了不同的詮釋：「那是水，只是跟我們知道的水不一樣。」

資料來源："The meaning of "Meaning" by Hilary Putnam, republished in *Philosophical Papers, Vol. 2: Mind, Language and Reality* (Cambridge University Press, 1975)

H_2No 是水嗎？說得更清楚一點，我們幹嘛在意這件事？這種事似乎是病態專注於語義學的哲學家才會關心的問題。要不要稱 H_2No 為水又有什麼關係？我們知道 H_2No 是什麼與不是什麼就夠了。

若是對意義的來源有興趣，這件事自然重要。大多數人雖然沒有明確的意義理論，對於意義仍有個大致可用的看法。文字的意義就像腦子想到的定義。例如，可以這麼說，如果我誤信偏頭痛就是一種嚴重的頭痛，可能就會說：「我有嚴重的偏頭痛。」如果有人提醒我，我實際得的並不是偏頭痛，我會承認錯誤；但我仍認為，當我說自己有偏頭痛時，我知道自己指的是什麼。這種錯誤是正確定義與人們內在定義之間的錯誤配對。因此，能確立文字意義的是文字定義，而定義是一種能儲存於心靈與字典中的事物。

然而，H_2No 的故事挑戰了這種說法。很明顯，當地球人與孿地球人想著「這是水」時，他們想的是完全不同的物質。地球的水與孿地球的水不是同一個東西，它們只是名字相同。現在，想像一千年前的地球與孿地球：沒有人知道水的化學成分。此時，如果有人想著「那是一杯水」，這句話對地球人與孿地球人而言都是相同的。現在想像一個地球人與一個孿地球人想的是同一杯「水」，如果這杯水是 H_2No，則孿地球人的想法為真，地球人的想法則為假，因為這杯水並不是地球人所謂的「水」；而這也表示他們兩人的想法並不相同，因為相同的想法不可能既真又假。

這個推論若是對的——而且似乎頗具說服力——將會有一個

令人驚訝的結論。地球人與攣地球人腦子的思考是相同的，產生的想法卻不同，這表示思想不完全局限於腦子裡！至少有一部分思想——能提供文字的意義——實際存在於外在世界。

因此，H_2No是不是水，這個問題不只是語義學的問題。如何回答這個問題，將決定意義與思想是否——如我們一般假定的——存在於我們的腦子中，還是存在於腦子之外的世界。這種問題真是會讓人想到發瘋。

會讓你想破同一片頭蓋骨的問題：

透明人

赫伯特套上蓋吉茲指環,隨即驚訝地發現:什麼都看不見了。他成了隱形人。

前幾個小時,赫伯特到處遊蕩,測試自己的隱形能力。偶然間咳嗽了幾聲,他發現在聽覺的世界中,自己也變得完全無聲。不過,赫伯特的身體體積仍在,他會在軟墊上留下印子,也會讓路過的人莫名其妙地跌跤。

逐漸習慣隱形的生活之後,赫伯特開始思考接下來能做什麼;可恥的是,他一開始想到的竟然都是些不得體的事。舉例來說,他可以潛入女性淋浴的地方或是更衣室,可以輕鬆地偷竊,甚至故意絆倒那些西裝筆挺卻面目可憎大聲講手機的人。

不過,赫伯特想拒絕這些卑劣的誘惑,並且思考有什麼好事是自己可以做的,但是做好事的機會似乎不那麼明顯。面對誘惑,赫伯特還能抵抗多久?他何時會開始利用自己的隱形能力做出有損教化的事?只要赫伯特心裡有一絲動搖,很可能就前功盡棄:偷窺女體或偷竊金錢。他抵擋得了嗎?

資料來源:Book two of *The Republic* by Plato (360 BCE)

蓋吉茲指環可說是道德性格的一項測試:在隱形斗篷下,

你會做出什麼舉動，正好顯示你的真實道德本質。然而，讓你面對大多數人都無法抵抗的誘惑，觀察你如何行動並且對你做出判斷，這是否公平？我們可以誠實地想像自己戴上指環後會如何敗壞，但是這畢竟不同於實際的敗壞。

或許，神祕指環賦予我們能力，是為了讓我們同情魔鬼的處境，或至少同情他的小嘍囉。舉例而言，社會名人總是行徑乖張，令人不敢苟同；但我們能不能想像，一個人在坐擁財富之下有無窮的機會放縱自己，而身旁的小人不斷地奉承，一味地迎合你的心意？處在那樣的環境下，我們真能確定自己不會墮落沉淪？

思考一下，若是擁有指環一段時間，我們會怎麼做，這可以讓我們對自己現在的道德狀況產生一些洞見。坦承自己可能抵擋不了偷窺的誘惑是一回事，第一時間打算衝到最近的健身房更衣室則是另一回事。有些人沒有真的去偷窺，只是因為害怕或沒有機會。

因此，指環能幫我們區別出自己真正相信是錯誤的事，與自己只是礙於習俗、名聲或膽怯而無法去做的事。指環剝去我們個人的道德外衣，使我們看出自己的道德核心，並且移除我們佯裝的價值矯飾；到最後，我們遺留下的道德內涵恐怕少得可憐。或許我們不會隨意殺人，但是面對宿敵恐怕不會手軟。女性主義者認為，男人一定會趁這個機會肆意強姦。或許我們不會成為職業竊賊，卻也不會認為偷竊財物是什麼嚴重的事。

聽起來很悲觀是嗎？如果你問人們，一旦擁有指環會做什麼、認為其他人擁有指環會做什麼，就會發現答案有著強烈對比：別人都成了無道德的人，自己則跟往常一樣正直。當我們這

朱立安‧巴吉尼
JULIAN BAGGINI

麼回答時，是否低估了身旁的人，卻高估了自己？

會讓你想破同一片頭蓋骨的問題：

——— 76 ———
我的大腦會上網

艾莎跟她那些愛掉書袋的同事相處時，將不再感到痛苦。此時的艾莎充滿自信，她悄悄走到愛賣弄學問的提摩西身旁，準備測試自己的新力量。

「艾莎，親愛的，」提摩西說：「妳今晚看起來真是像極了〈無情的美女〉！」

「『十分美麗，宛如天仙之女』？」艾莎回答：「我真是受寵若驚。但是，『她的秀髮飄逸，她的腿足輕盈，而她的眼神狂野』。我的眼睛卻無足稱述，我的鞋子穿的是八號，我的頭髮百分之百確定是短髮。」

提摩西顯然相當吃驚。「我不知道妳是濟慈迷。」他說。

「用康德的話來說，」艾莎回答：「或許你不瞭解我真正的本質，只看到我的外表。」說完之後，她隨即離去，留下錯愕的提摩西。

艾莎的新植入物發揮了極大的效果：一塊連結了全球資訊網與內建百科全書的高速無線晶片。只要艾莎一開始回想，大腦就開始搜索資料來源，找出想知道的資訊。艾莎甚至無法分辨是她自己的回憶，還是晶片找到的資訊；不過，她一點都不在乎，因為現在她是辦公室裡最博學的人，這才是最重要的。

　　艾莎絕對是個騙子。她假裝自己讀過並且記得一些事情，但事實上，這些都是她那驚人的植入物提供給大腦的資訊。

　　但是，這表示艾莎不知道濟慈與康德寫了什麼嗎？艾莎以非正統的方式取得這些資訊，卻不表示她不擁有這些知識。取得儲存在大腦中的資訊，和取得儲存在其他地方卻與大腦直接連結的資訊，兩者有何區別？

　　如果你同意——與許多哲學家一樣——知識是一種經過合理化的真實信仰，艾莎的例子將會更具說服力。艾莎對濟慈與康德的確信是真實的，而她之所以相信，是基於大腦晶片的效能；相較於我們基於自己不大可靠的大腦效能、認為自己的記憶是真實的，這種說法的合理性其實不相上下。

　　或許，這個個案最有趣的部分，並不在於艾莎是否真的知道，而是記憶的事實在智力上與智慧上扮演什麼樣的角色。艾莎令人驚訝的表現，不只是仰賴自己能輕易引用資料，還必須運用機智與理解來使用這些資料。正是這一點，而非背誦經典詩文的能力，使艾莎顯得聰明過人。

　　這個故事的背景顯示，有時我們會被愚弄而想錯方向。艾莎過去在思想上飽受威脅，因為她身旁的人都能輕鬆背誦或引用偉大的作品。這些人展現的究竟是高人一等的智力還是記憶力？我們可以留意，提摩西一開始跟艾莎說話時，引用了濟慈的詩句，但是詩中的女主角顯然長得一點也不像艾莎。

　　我們還有其他好理由認為，艾莎的植入物不能取代實際閱讀偉大作品；唯有花時間閱讀好書，才能真正理解書中的內容並想通箇中的涵義。艾莎引用的詩文欠缺對於背景和脈絡的理解，雖

然她機智地引用詩文，讓同事感到困窘；然而，一旦對話轉移到濟慈或康德的細微處，或許會讓人感到有所不足。

不過，關鍵是提摩西也不怎麼樣。光是知道偉大哲學與文學作品的內容，並不代表具有智慧或智力。在儲存知識上，電腦晶片可以跟人腦一樣有效，如何運用知識恐怕才是重點。

會讓你想破同一片頭蓋骨的問題：

—— 77 ——
代罪羔羊

　　瑪莎為何加入警察的行列？她心裡再清楚也不過：保護民眾，並且確保正義得以伸張。對瑪莎來說，這些考量甚至比遵守規則還重要。

　　瑪莎不斷地告訴自己這一點，因為她害怕自己沒有決心打破規則，貫徹自己的理想。有個好男人犯了可怕的錯誤，造成一名無辜的女人死亡；然而，一連串的意外與巧合，讓瑪莎擁有足夠的間接證據與法庭證據，證明另一個男人有罪。不僅如此，瑪莎想陷害的男人其實犯下了一連串謀殺案，只是在此之前苦無實證將他繩之以法。

　　瑪莎知道，正當法律程序不允許誣陷情事發生，但是將一個連續殺人犯關進牢裡，總比將一個對社會毫無威脅的男人關進牢裡好得多；這麼做所伸張的正義，遠大於不讓殺人犯擁有公平審判所造成的不正義。

資料來源：*Insomnia*, directed by Christopher Nolan (2002)

　　「如果有人傷害我的孩子，我會殺了他。」如果不是守法的民眾這麼說，我們還不覺得有什麼不尋常；不過，說這種話的人心裡在想什麼呢？

　　或許有些人會解釋，雖然他們知道親手主持正義是錯的，但他們只是單純而誠實地承認自己的感受。另一些人可能較不是那麼保守，他們認為傷害他們子女的人罪有應得。法律或許不允許他們這麼做，自然正義卻支持他們。

　　法律與道德並非同一件事，這一點應該沒有爭議，這也是不公正的法律可能存在、而市民不服從有時值得稱讚的緣故。儘管如此，法治的原則仍然很重要，唯有例外情況才能扭曲或打破規則。為了最佳的利益，我們必須禁止人們操控法律，哪怕是出於良善的動機。

　　然而，這些一般性考量對瑪莎起不了太大作用。也許她完全同意上述分析，但她想問的是，何時才是可以打破規則的例外情況。她該如何判斷？

　　有幾種判斷方式可以正當化瑪莎的欺騙行為。舉例來說，我們認為打破規則必須滿足三個條件：首先，打破規則產生的好處必須遠大於遵守規則，瑪莎的處境似乎符合這個條件。其次，打破規則的行動不應損害一般遵守規則的行動；這個條件也能滿足，只要瑪莎的欺騙行為祕而不宣。第三，打破規則必須是達成較佳結果的唯一方法，瑪莎似乎沒有其他方法讓這個不折不扣的惡棍鋃鐺入獄。

　　此外，瑪莎的欺騙行為還有一個看似合理的道德說詞；雖然如此，由警察而非法院來決定誰該受罰卻令人反感。對此，我們有充分的理由：我們需要一些保障，防止警察濫用權力，即使這麼做有時意味著讓罪犯逍遙法外。

　　有沒有可能兩者兼得？社會必須要求警察遵守規則，儘管如

朱立安・巴古尼
JULIAN BAGGINI

此，有時讓警察祕密打破規則也不是一件壞事，兩者或許並不矛盾。我們集體的職責是支持法治，但個人的責任則是確保我們做出最好的決定，不管是合法還是非法。

會讓你想破同一片頭蓋骨的問題：

—— 78 ——
信不信上帝，用「賭」的最快！

上帝對哲學家說：「我是天主，你的上帝。雖然你沒有證據相信我是我自己聲稱的那個唯一真神，但是讓我給你一個相信的理由，一個足以讓你墮落的本性產生興趣的理由：用你自己的利益來打賭。

「有兩種可能：我存在或我不存在。如果你相信我並且遵守我的命令，而我也的確存在，你將得到永生；然而，如果我不存在，你將得到有限的生命，並且擁有些許信仰的慰藉。當然，你已經浪費了一些時間在教會上，而且錯過了一些娛樂，但是到你死時，這些都不重要；然而，如果我的確存在，永恆的極樂都會是你的。

「如果你不相信我，而我的確不存在，你將擁有自由自在的人生，但是你終將一死，而你也不會活在信仰上帝所帶來的保證之下。然而，如果我的確存在，等待你的將是永恆的火鉗與痛苦。

「因此，賭我不存在，你最多擁有短暫的生命，最糟則是永恆的天譴；若是賭我存在，不管有多麼不可能，最糟不過是短暫的生命，最好卻是永生。除非你瘋了，否則一定會賭我存在。」

資料來源：*Pensées* by Blaise Pascal (1660)

　　世上有人從不定期崇拜，不閱讀宗教文本，也不遵循自身宗教的教誨；儘管如此，他們從未放棄對上帝或諸神的信仰。舉例來說，他們仍然讓自己的子女受洗，安排受誡禮，或接受宗教葬禮，而他們也在需要時禱告。

　　這些人也許不像我們這位找人打賭的上帝那樣論證精確，但是他們的行為背後卻有著相同的基本原則：最好對上帝維持最低限度的信仰，以防萬一。他們的推論跟保險推銷員及賭徒相當類似：花不了你多少時間，卻可能拯救你的靈魂。

　　這場打賭要合理，必須確實擁有兩種可能性，但實際上並非如此。我們有許多神祇可以信仰，遵循祂們的方式也很多。舉例來說，福音派基督徒相信，如果不接受耶穌基督是你的救主，就會下地獄。就算你將神聖賭注押在伊斯蘭教、印度教、錫克教、耆那教、佛教、猶太教、儒教或其他宗教上；到了最後，如果基督是天上的王，你還是輸了。

　　當然，賭注還是一樣：選錯的結果可能就是永恆的天譴。問題是，你很難針對這種高度不確定的結果下注：只要選錯了宗教，就要遭受天譴。

　　也許你認為，慈愛的上帝不會因人們信錯宗教就將他們打入地獄，其他宗教的神祇則會如此；然而，這種能忍受人們犯錯的上帝，必然也不會將無神論者丟入永恆之火中。因此，唯一值得下注的是基本教義派的上帝，只有這種神祇才會真正讓賭注生效。

　　除此之外，令人奇怪的是，能看穿靈魂最深處的上帝，居然能接受以淺薄和自利計算為基礎的信仰。或許經過一段時間之後，你就能真正信仰，而非只是行禮如儀。在宗教信仰中，實踐

可以造就完美，但是上帝仍可看出哪些人信仰動機不純，而祂也會根據這一點來審判。

　　因此，人們在下注時應該更加謹慎。你的選擇只有兩個：一個是信仰會報復與懲罰的特定上帝，祂命令人們只能信仰一種基本教義派宗教，而非數種彼此競爭的宗教。另一個則是相信沒有上帝，或是相信一個不那麼利己的上帝，後者不會在還沒提供你救贖機會之前就要求你信仰祂。就算你把賭注押在某個難以應付的上帝身上，還是有其他上帝可以選擇；不過，每個上帝都將因你選擇了其他神明而感到極度不悅。

　　到最後，這場賭局兩邊都不討好。

會讓你想破同一片頭蓋骨的問題：
　24　上帝，給我方形的圓
　45　看不見的園丁
　58　上帝的必殺令
　95　老天，告訴我天理何在？

── 79 ──
洗腦拚治安

內政部長被明確地告知，他的計畫「在政治上令人無法接受」。原因只是在於，它類似某個知名小說家在一部反烏托邦小說中描述的場景；然而，光是這一點似乎不足以構成立即否決的理由。

與伯吉斯《發條橘子》中的盧迪維科程序一樣，內政部長新推動的「厭惡犯罪療法」，也是一種讓犯罪者反覆感到不悅的──雖然時間不長──療法。經過治療之後，這些犯罪者只要一想到自己所犯的罪，就會感到厭惡。

對內政部長來說，這項計畫似乎不只是雙贏，而且會是三贏：納稅人贏了，因為治療比漫長而反覆的監禁還便宜；犯罪者贏了，因為在監獄外面生活總比在監獄裡還好；社會贏了，因為原本為社會帶來麻煩的害蟲成了守法的公民。

然而，公民自由旅卻抱怨這是一種「洗腦」、侵犯個人核心自由與尊嚴的行為──即使這項計畫完全採行自願加入的方式。內政部長苦思，要如何反駁他們的說法？

資料來源：*A Clockwork Orange* by Anthony Burgess (Heinemann, 1962)

　　人們提到尊嚴與自由時，可能是在描述倫理地貌上兩個最重要的地標，卻也可能只是在含糊其詞。當人們抱怨新科技是對人性尊嚴的侮辱時，通常只是單純表達他們對陌生事物的一種反射性厭惡。例如，試管嬰兒剛出現時遭到許多人反對，理由是這將人類貶低為實驗室裡的樣本。到了現在，大多數人都接受試管嬰兒，而且認為它是解決不孕問題的有效方法。

　　因此，當人們主張「厭惡犯罪療法」是對人類自由與尊嚴的攻擊時，我們必須抱著存疑的態度。或許，他們只是對於這項創舉──顯示人類並非如我們所想的那樣神祕，我們可以藉由科學操縱人類──存有偏見。

　　有人認為，這種療法只是用有系統的方法，做一件經常是偶然發生的事；透過社會化與本能的結合，我們從中學著厭惡某些行為模式。我們避免傷害他人，不是因為我們推論這是錯誤的行為，而是因為我們逐漸感覺到應該避免讓他人痛苦。然而，有時候人們無法學到教訓：也許是這些人缺乏固有的同情心，有了同情心會讓我們認同他人的痛苦；也許是這些人對於暴力的感受遲鈍，並且逐漸認為暴力是一件好事。以這些人為例，利用人工方式將先天或後天未能發展的本能灌輸給他們有什麼不對？

　　洗腦是個有力的反對意見，但我們的行為絕大部分是父母和社會不斷以否定與肯定來強化而培養出的習慣。事實上，從出生開始，我們就慢慢被洗腦；唯有當洗腦以快速的方式進行或是造成我們不喜歡的結果時，我們才會突然從倫理的角度反對它。厭惡犯罪療法不就是一種無法反對的洗腦──這種洗腦方式通常被稱為「社會化」──的加速與修正版本嗎？

　　基於相同的理由，我們應謹慎避免誇大自己的自由主張。我
們不認為，人們施加與不施加暴力的傾向是相同的；也不同意人
們之所以能自主地避免暴力，只是因為選擇不這麼做。對於向他
人施加無必要的疼痛，平凡正直的人會「感到」厭惡，而非「選
擇」厭惡，這並不是冷靜行使「自由意志」而已。因此，治療過
程若只是灌輸了對大多數人僅屬普通層次的犯罪行為，怎能認為
被洗腦的人比你我更不自由？

　　若是要找出反對厭惡犯罪療法的好論證，就必須超越曖昧不
明的自由與尊嚴。

會讓你想破同一片頭蓋骨的問題：

　17　拷打，還是不拷打？
　35　英國自殺炸彈客
　50　賄賂無罪，受饋有理？
　97　算你衰小，嘸喓安怎？

── 80 ──
理性與感性

　　荷蘭遭到納粹占領時，夏伊樂與特蕾茵曾經收留一群猶太人；不過，她們這麼做的原因各不相同。

　　特蕾茵的善行完全是出於自發。猶太人的痛苦和需要讓她於心不忍，所以她不加思索地伸出援手。朋友讚美特蕾茵的慷慨精神，但也提醒她，善意有時也會害人。「妳也許因為慈悲而施捨金錢給乞丐，」朋友說：「但是，如果乞丐拿錢去買毒品呢？」對於這樣的憂慮，特蕾茵不為所動。面對需要幫助的人，能做的就只是伸出援手，不是嗎？

　　相反地，夏伊樂則是以冷酷出名。事實上，夏伊樂並不喜歡人，但也不討厭人。她之所以助人，只是想到這些人的苦況與自己的責任，因而認定助人是正確的事。夏伊樂並沒有因行善而感到溫暖，只是認為自己做了正確的事。

　　夏伊樂與特蕾茵，誰過著較有道德的生活？

　　特蕾茵這種人比夏伊樂這種人更經常被形容為「善良」、「仁慈」或「慷慨」。我們覺得，特蕾茵這種人的仁慈深刻植根於他們的人格中，他們完全是自然流露，而慷慨本能也顯示他們存有的本質就是善。相對地，我們也會讚美夏伊樂這種人，但是對於他們的善良卻有不同的「感受」，頂多只會稱讚他們願意做到自

認為該做的事。

接下來要提出一些有趣的說法。道德若與「做」正確的事有關，我們就不該認為特蕾茵在道德上比夏伊樂更值得稱讚；事實上，如故事中所說的，從特蕾茵坦率的行事作風看來，或許她會比夏伊樂更容易做出不對的事。舉例來說，在非洲旅行時，經常會碰到小孩來要鉛筆，有時是要錢。遇到這種情況，特蕾茵一定會給，但是夏伊樂或許會考慮一下，然後認定——與大多數發展機構的想法一樣——這種施捨將會鼓勵依賴，以及劣等和無助的情緒。更好的做法是直接捐給學校，讓你想幫助的人保留一點尊嚴。

還有一個理由會讓人停止讚美特蕾茵。既然她是在不加思索之下行動的，會不會只是碰巧做了好事？為什麼要因為有人偶然間做了一連串好事而稱讚她？更糟的是，除非我們能反省自己的情緒，否則我們的本能可能會讓我們誤入歧途。舉例來說，歷史上有許多人的基本人格與特蕾茵相同，但這些人卻是在種族主義文化中被撫養長大；他們的種族主義就跟特蕾茵的仁慈一樣，往往在不加思索中產生。

我們可以再進一步推想，夏伊樂其實擁有「較高的」道德感，「儘管」她缺乏同情的本能，但她還是做了善事。相較之下，特蕾茵的仁慈不需要特別努力，但是夏伊樂卻以自己的意志戰勝了自然傾向。

然而，推翻之前對特蕾茵本能的判斷，轉而認為夏伊樂在道德上更值得稱讚，不免產生別的問題。特蕾茵的善良與自身人格緊密連繫，而夏伊樂之所以行善，是因為她推論自己應該這麼

做。若是就這樣認為後者比前者更有道德，聽起來未免有些奇怪？

有個老生常談的說法也許可以解決這個兩難。這種說法認為，善良必須結合腦袋與心肝，特蕾茵與夏伊樂各自呈現出道德的某些面向，兩人都不算是完整的倫理模範。這種說法當然正確，卻迴避了真正的兩難：決定一個人的行為是不是符合道德，是感受重要還是思考重要？

會讓你想破同一片頭蓋骨的問題：

17 拷打，還是不拷打？

18 理性至上？

50 賄賂無罪，受饋有理？

83 己所不欲，視情況施於人？

81

地球上的電影有味道嗎？

加拉弗瑞星球的人在各方面都和我們十分相似，但是他們的感官知覺卻相當不同。

舉例來說，在人類可見光譜頻率範圍內反射的光，加拉弗瑞人可以聞到；我們看起來是藍色的東西，他們聞起來卻像柑橘。同樣地，聲音對我們來說是用聽的，他們卻是用看的；對他們來說，貝多芬第九號交響曲是無聲的迷幻閃光秀，美得令人屏息。他們只能聽到內心的想法，包括自己和別人的。味覺是他們眼睛的專屬機能，加拉弗瑞人最好的藝廊以美味著稱。

加拉弗瑞人沒有觸覺，但是擁有一種我們沒有的感覺，這種感覺叫「穆斯特」。它能偵測物體的運動，而用來穆斯特的感覺器官在關節。我們無法想像穆斯特是什麼，就像加拉弗瑞人無法想像觸覺是什麼。

人類首次聽說有這麼奇怪的種族時，立即想到的問題是：加拉弗瑞星球上的樹倒下會有聲音嗎？同樣地，加拉弗瑞人會問：在地球上看電影聞得到味道嗎？

資料來源：*A Treatise Concerning the Principles of Human Knowledge* by George Berkeley (1710)

　　「在杳無人煙的森林裡，樹木倒下會有聲音嗎？」這是哲學界最古老的一個問題。由於這個問題已經是老生常談，要從新的角度重新思考，才能有所助益，因此才會有另一個奇怪的問題：「在地球上看電影聞得到味道嗎？」雖然這個問題聽起來古怪，但是契合古典的森林問題。

　　這些難題起因於，人類發現自己知覺世界的方式經常取決於自己如何拼湊世界。人腦能將某些頻率的無線電波轉譯成聲音，而狗則能聽到人類聽不到的聲音，但是我們缺乏邏輯理由說明，為什麼其他生物無法將同樣的無線電波轉譯成味道、觸覺或色彩。共同感覺──感覺交錯，例如聽到顏色或看到聲音──的確發生在人類身上，除了極少數人會持續產生，其他人只是暫時性出現，而且多半是在服用迷幻藥如 LSD 之後才會有這種現象。

　　就這些淺顯事實來看，真正的問題是，這些事物──如聲音──在聽得到聲音的生物不存在時是否依然存在。杳無人煙的森林中有樹倒下，理所當然會造成空氣震動；然而，如果要靠聽者的耳朵才能聽到聲音，那麼沒有耳朵就代表沒有聲音，這樣的推論正確嗎？

　　若是反對這個結論，並且認為加拉弗瑞星球上的樹倒下時確實會發出聲音，你就必須承認，依照相同的邏輯，在地球上放映電影時也應該會有味道。樹木發出聲音，不表示一定會有人聽見；樹木發出聲音是事實，如果當時剛好有人在場，這些人一定會聽到，這足以說明的確有聲音產生。然而，如果這種說法正確，電影有味道也就不奇怪了。但是，這不表示電影放映時任何人都能聞到味道，而是說能聞到我們看到的東西的味道的人若是出現

在電影院裡，就會聞到電影的味道。同樣地，如果人類出現在加拉弗瑞星的森林裡，樹木倒下時，人類就會聽到聲音。

　　這個推論似乎會導出荒謬的結論：整個世界將充滿沒人聽得到的聲音、沒人看得到的顏色、沒人嚐得到的味道、沒人摸得到的質地，以及我們甚至想都想不到的其他感官經驗。我們只能說，生物用來知覺世界的方式無窮無盡。

會讓你想破同一片頭蓋骨的問題：

─── 82 ───
反正沒人吃虧

艾蓮娜很高興自己連上了全新的寬頻網路。過去她只習慣使用撥接網路，現在她喜歡整天掛在網上，享受更迅速的瀏覽與下載速度。更棒的是，這一切都是免費的。

說免費也許有點誤導。艾蓮娜之所以能不花一毛錢享受網路服務，是因為她使用鄰居的無線區域網路，無線區域網路能讓有限範圍內的任何電腦──只要有正確的軟硬體──不用連上寬頻也能上網。剛好艾蓮娜的公寓距鄰居很近，足以讓她分享鄰居的網路。

艾蓮娜不認為這是偷竊。無論如何，鄰居還是能上網，而她只是使用了多餘的頻寬。事實上，有一種名叫「喜鵲」的軟體能讓艾蓮娜巧妙地使用鄰居的網路，又不會分掉太多頻寬。所以，艾蓮娜既能享受網路的便利，又不會損害鄰居的利益，這樣有何不妥？

許多人的筆記型電腦或掌上型資訊產品擁有無線上網功能，他們往往在偶然的特殊狀況下「借用」他人的網路頻寬。公務繁忙需要連結，他們走在大街上尋找無線區域網路信號，然後停下來收信。他們使用其他公司與個人的網路，那些公司與個人卻毫不知情，而他們的網路傳輸也沒有受損或停擺。

　　艾蓮娜的行為更有系統，她每天使用鄰居的網路上網。她使用而鄰居付費，看來相當不公平，但是她的行為並不會對鄰居造成負面影響。不管艾蓮娜上不上網，鄰居都必須支付網路費，而她的使用也不會妨害鄰居。從這一點看來，艾蓮娜不像是個竊賊，倒像是站在鄰居園子樹下遮蔭的路人。

　　這個例子跟占便宜的問題有關。占便宜的人因他人的行為得利，卻沒有對他人做出貢獻。有時候，占便宜會減少可得的總利益，此時不難看出占便宜的壞處；但是，有時候占便宜實際享受的是剩餘利益，並沒有從任何人身上拿走任何東西。

　　這類占便宜的例子非常多。社區民眾在公園舉辦免費音樂會，有人偶然間經過，站在最外圍的位置聆聽，並未掃了任何人的雅興；但是，當桶子傳到他那邊時，他卻一毛錢也不捐。有人非法從網上下載自己從未購買的歌曲，藝術家的收入並未因此減少，因為付費者並未受到影響，但是未付費者也能聽到歌曲。

　　如果占便宜是犯罪，這種罪行的損害實在是微不足道。如此，占便宜到底有什麼不對？或許關鍵不在於占便宜的個案，而在於占便宜的行為模式。舉例來說，我們可能不在意有人使用我們的無線網路，前提是我們也可能在相同的情況下使用他人的無線網路。同樣地，偶爾路過聽一場免費音樂會，不付錢亦無妨，前提是你能自願對自己打算拜訪的其他人做出貢獻。只要長期而言施與受均等，就不必拒絕占便宜。

　　然而，以艾蓮娜的例子來說，她只取不予。艾蓮娜並不打算在未來也提供自己的網路給別人使用，她不是基於互助合作的精神來占便宜，因此她的做法令人難以忍受。而且，她的行為顯示

她完全不為別人著想。此外，雖然我們認為她的做法有點自私，卻無法否認她所造成的損害極為輕微。事實上，指責艾蓮娜有點不要臉已經相當足夠，超過這種程度的指責，表示我們對完全無害的竊盜太過憤憤不平。

會讓你想破同一片頭蓋骨的問題：

──── 83 ────
己所不欲，視情況施於人？

　　康斯坦絲總是奉行道德黃金律：要別人怎麼待你，就要怎麼待人。或者是像康德較不那麼文雅的說法：「你只根據準則而行，那是一項你同時希望它成為普遍法則的準則。」

　　然而，康斯坦絲現在感到痛苦，因為她受到某件事情的誘惑，但是這件事卻違反了黃金律。康斯坦絲有機會與她最好的朋友的丈夫帶著所有家當私奔，很明顯地，這絕對違反了「要別人怎麼待你，就要怎麼待人」的黃金律。

　　不過，康斯坦絲認為事情比想像中複雜。我們監禁罪犯並不是說自己也應該被監禁，而是說「我們處於與罪犯相同的情況時」應該被監禁。這條但書很重要：視情況而定。

　　因此，康斯坦絲應該問自己：她是否「希望下面這句話成為普遍法則的準則」：和她情況相同的人，是不是應該跟她們最好朋友的丈夫帶著所有家當私奔？從她的語氣看來，答案似乎是肯定的。康斯坦絲並不是說通姦和帶走財產是對的，但是就她身處的特殊情況看來的確是對的。因此，答案揭曉：康斯坦絲可以一走了之，絲毫不用覺得良心不安。

資料來源：《論語》、*Groundwork for the Metaphysics fo Morals* by
　　Immanuel Kant (1785)

　　孔子的黃金律以各種形式出現在人類設計的所有主要倫理體系中,它以簡單的形式提供人人都能遵行的道德經驗法則。

　　康斯坦絲的處境凸顯的,並不只是個玩弄規則、強詞奪理的笑話。事實上,她的問題指出了黃金律的真正核心;而就兩種極端的詮釋看來,黃金律若不是荒謬,就是被架空。

　　如果黃金律是指絕對不能將自己不願接受的事施加在他人身上,我們就不能做出任何令人不快的事,例如懲罰或約束。既然我們不願被監禁,我們就不該監禁連續殺人犯,這種說法實在荒謬。

　　這就是康斯坦絲能正確看出遵守黃金律應當考慮情況的原因。由於每個情況都略有不同,每個個案就某方面來說都相當獨特,因此任何事都可以基於下列理由加以合理化:我們同意在「完全」相同的情況下得到相同的對待。黃金律的普世面向將因此消失,而黃金律將因此被架空。

　　既然如此,我們是否應該尋求中間路線?這必須運用到一些「相關類似」的觀念:在道德相關類似的——雖然不是完全相同——處境下被如何對待,就應該怎麼待人。例如,雖然非法殺人有著各種樣態,但是從關鍵道德議題的角度來看,它們都是相關類似的不道德行為。

　　要運用黃金律就必須採取這種取向,但是這種取向絕非簡單平易的規則。辨識「相關類似」並不容易,也不是為惡行找藉口——惡行與道德顯然不具任何相關類似性。人類事務極為複雜,若是無法留意每個個案的特殊性,就無法公平對待每個情況。

　　回到康斯坦絲的例子。乍看之下,她的理由是出於自利。但

是，如果康斯坦絲的好友實際上是個騙子，從家人的銀行帳戶偷偷取走數千英鎊呢？要是她讓自己的丈夫過著痛苦的日子呢？在這些情況下，康斯坦絲的決定看起來不像自私，倒像是英雄行徑。

　　康斯坦絲的兩難，反映出任何試圖遵守道德原則的人必須面對的挑戰：如何在遵守一般原則與感受每個情況的特殊性之下做出平衡的選擇。

會讓你想破同一片頭蓋骨的問題：

―――― 84 ――――
向下沉淪，還是向上提升？

　　這是典型的狀況：你等待好幾年希望事業有所突破，突然間兩個機會同時出現在你面前。潘妮終於有兩個大使職位可以選擇：兩個南海島國，國土面積、地質與氣候相差無幾。拉利塔里亞法律嚴峻，婚外情、飲酒、毒品、大眾娛樂乃至於美食一律禁止，該國只允許藝術與音樂等「高尚娛樂」。事實上，拉利塔里亞致力推廣這類活動，因此島上擁有世界級的交響樂團、歌劇院、藝廊與「正當的」戲劇院。

　　相反地，拉維塔里亞是思想與文化沙漠；儘管如此，它卻是享樂主義者的天堂。拉維塔里亞擁有頂級餐廳、興盛的喜劇與諷刺劇巡迴演出，以及對性與毒品的自由態度。

　　潘妮不願在拉利塔里亞的高尚娛樂與拉維塔里亞的低俗娛樂之間選擇，因為她兩者都喜歡。事實上，對潘妮來說，理想的一天應該包括美食、醇酒、高尚文化與低俗娛樂，但是她只能二選一。在被迫決定之下，潘妮的選擇會是什麼？貝多芬，還是威靈頓牛肉？羅西尼，還是馬丁尼？莎士比亞，還是小甜甜布蘭妮？

資料來源：*Utilitarianism* by John Stuart Mill (1863)

　　這兩個奇怪的小國，哪一個能讓人過著較為舒服愜意的日

子？也許你認為這只是偏好問題。藝術愛好者到拉利塔里亞，沒有派對活不下去的就到拉維塔里亞。至於兩者都喜歡的──大多數人是如此──必須決定自己最喜歡什麼，或至少決定沒有什麼較容易活得下去。

然而，如果這只是品味與個性的問題，為什麼高尚娛樂總是能吸引政府補助，而低俗娛樂總是被課以重稅？聆聽威爾第歌劇得到的愉悅若與聆聽摩托黨搖滾樂不相上下，為什麼搖滾俱樂部無法得到皇家歌劇院所得的相同補助？

諸如此類的思考讓許多人認定，知識份子的「高尚」娛樂與精緻的美學欣賞具有某種優越之處；然而，如果這個觀點遭受挑戰，我們很難想出其他理由來說明高尚與低俗的區別。有人懷疑這種區別只是一種表演、諂媚或菁英主義，只是以客觀判斷為名加以掩飾。

這個問題困擾著效益主義哲學家彌爾，他認為道德的目標是增加最多數人的最大幸福。彌爾面對的問題是，他的哲學似乎將充滿淺薄與感官愉悅的生命，看得比數量較少卻更具思想的生命更重要。安逸的貓過得比煩惱的藝術家好得多。

解決的方式是，區別娛樂的質與量。只充滿低俗娛樂的生命，比除了低俗娛樂還擁有一點高尚娛樂的生命更不幸福；不過，這仍未說明這個問題：為什麼後者較幸福？

彌爾提出一項測試：我們應該問什麼樣的裁判才有資格下決定。曾經同時體會過高尚與低俗娛樂的人，才有資格決定哪一種娛樂為優；而正如「高尚」與「低俗」的分類所顯示的，彌爾知道該如何思考這些人的選擇。

彌爾若是對的，潘妮身為夠資格的裁判，將會選擇拉利塔里亞。也許她會遺憾自己無法享受低俗娛樂，但是不能享受高尚娛樂會讓她更苦惱。相較於從未欣賞過高尚藝術或從未耽溺於低俗娛樂的人，潘妮的意見更有分量。雖然如此，潘妮真的會如此決定嗎？她的判斷真能告訴我們，高尚娛樂一般說來要比低俗娛樂更優越嗎？

會讓你想破同一片頭蓋骨的問題：

─85─
我有罵你嗎？

「法官閣下，我的當事人辯詞很簡單。他承認自己的確在報紙專欄上寫下『現任英格蘭足球隊經理是騙子、白癡與國恥』，也承認自己說這個經理『應該被槍斃』。但是，當事人的做法並未對原告葛蘭先生構成誹謗。

「理由很容易理解。在文章寫成並且刊登的時候，並沒有任何人擔任英格蘭足球隊經理。葛蘭先生在兩天前已提出辭呈並且獲得批准，這則新聞在被告文章刊出當天就已成為眾所皆知之事。

「原告主張我的當事人提出的指控是子虛烏有，但是這些指控既非真實亦非虛假，因為這些指控與任何人皆無關聯。事實上，更精確地說，這些指控毫無意義。『弗拉是一匹賽馬。』如果弗拉的確是一匹賽馬，這句話為真；如果不是，這句話為假；如果不存在這麼一匹馬，這句話則毫無意義。

「因此，陪審團不應受理這宗案件。誹謗一個不存在的人簡直荒謬，我將停止對本案舉證。」

資料來源：'In Denoting' by Bertrand Russell, in *Mind* 14 (1905)，
　已編為文集重刊於網路上。

邏輯學家不同於一般人。一般人就算說話笨拙或不精確，也

能讓對方大致瞭解他們的意思，而多數人也認為這樣夠了。邏輯學家則不同，他們對於日常語言的變化無常與曖昧感到挫折；他們堅持，即使是瑣碎曖昧之詞也有意義。

想想葛蘭這件案子的辯詞。陪審團很可能不理會辯護律師的說法，理由是我們知道被告說的「現任英格蘭足球隊經理」指的是誰。不過，讓我們逐字檢視辯護律師的說法，並且接受當時並沒有球隊經理的說詞；在這種情況下，陪審團仍會堅持辯方陳詞虛偽不實嗎？若沒有所謂的球隊經理，宣稱球隊經理是「騙子、白癡與國恥」當然就不是真實。

然而，就算我們如此認為，辯方的說法仍有其意義——這類意義曾經讓羅素頗為困擾，當時的他正思考下列陳述是否為真：假如高盧是共和國，「現任法國國王就是個禿子」。就邏輯而言，虛偽陳述的否定為真。例如，假如「太陽繞地球」為假，很明顯「太陽未繞地球」即為真。這意味著假如「法國國王是個禿子」為假，「法國國王不是禿子」必然為真；但是法國國王不是禿子不可能為真，因為法國沒有國王。因此，「法國國王是個禿子」但是法國沒有國王，「現任英格蘭足球隊經理是騙子」但是英格蘭足球隊目前沒有經理，這類陳述既不為真也不為假。

既然陳述不真也不假，難道不是毫無意義？也許你會這麼想，但是這段陳述「現任英格蘭足球隊經理是騙子」的意義相當清楚。一段毫無意義的陳述意義相當清楚，這種說法似乎是個矛盾。

因此，這個明顯無害的難題——這些陳述如何與是否為真或假——的意義不斷延續擴大。我們甚至尚未觸及這個觀念：字詞

與世上事物的符應、陳述的真或假取決於兩者間的符應是否成立。

　　當然，這個難題不可能在此獲得解決；但可以確定的是，若是覺得這些問題瑣碎無趣，千萬別研究邏輯或語言哲學。

會讓你想破同一片頭蓋骨的問題：

—— 86 ——
藝術為悅己者存

　　瑪莉恩早已習慣在營建期間挖掘考古遺跡的不便，但是接下來的事，她還是頭一次碰上。

　　營建工人發現坑洞當天就通知瑪莉恩，並且向她解釋坑裡有什麼東西。坑洞底部有一個密封的箱子，裡頭放著一座米開朗基羅雕像。箱子上裝設了多種以箱蓋引動的陷阱：打開箱蓋將會引爆炸藥；箱子裡有瓦斯，一跟氧氣接觸就會爆炸；箱子內還有其他精巧的機關。結論是，這件藝術品永遠無法重見天日，任何取出藝術品或移動箱子的嘗試都會摧毀藝術品。

　　但是，如此危險的定時炸彈絕不能留置在未來醫院的地基中。因此，似乎只有兩種解決辦法：放棄建造醫院，讓藝術品安全地留在無人能夠接觸的地底下；或者，為了安全起見，摧毀藝術品。

　　在這種情況下，瑪莉恩似乎沒有選擇，只好下令炸彈小組進行引爆。但是她忍不住想，或許讓雕像原封不動留在原地會更好，即使沒有重見天日的可能。

　　許多人都認為藝術品具有價值，而這種價值不僅是金錢上的。偉大的藝術作品值得保存，個人與政府也付出大量金錢取得、修復或保存這些藝術品。

　　藝術品的價值來自於藝術品本身，還是來自於欣賞者？人們傾向於認定，藝術品的價值來自於藝術品本身：即使沒有人看過米開朗基羅的大衛雕像，也無損其藝術成就。如果我們認為過去沒人見過、未來也將不會有人看見的大衛雕像是偉大的藝術品，這種作品存在的意義到底是什麼？或許大衛雕像能讓米開朗基羅得到一些好處，但是在他死後，如果沒有人能讚美這件作品，它存在的意義到底是什麼？

　　區別藝術品的品質與意義，能讓我們瞭解瑪莉恩的兩難。我們並不懷疑箱子裡的雕像是具有一定品質的藝術品，因此問題在於，如果沒有人能看見這件藝術品，這件藝術品還有存在的意義嗎？

　　主張保留的人會說，雕像的存在會讓這個世界更美好。主張毀棄的人認為這種想法很荒謬：世界會更好，是因為藝術品對觀賞者產生了影響；如果人們不能靠藝術維生，藝術就沒有用處。我們大可永遠關閉國家藝廊，將繪畫與雕像放在裡面就好，根本不必關心這些繪畫是否成為私人收藏，或是鎖在博物館保險室中不見天日。對此，主張保留的人會說，雖然能看見藝術品比不能看見藝術品要好，卻不表示沒被看見的藝術品完全沒有價值。開放參觀的藝廊好過謝絕參觀的藝廊，而謝絕參觀的藝廊又好過完全沒有藝廊。

　　人們還是存有懷疑：難道我們不需藝術鑑賞家來評鑑藝術的價值？想像另一個場景：致命病毒滅絕了地球上所有生命，宇宙中完全沒有生命。這個世界遺留了大量藝術品，卻沒有人觀賞。如果大衛雕像從基座上倒下，粉碎成一百萬片，難道這個無人的

世界會比有著大衛目光凝望的世界更糟？假使認為會更糟，難道不是因為我們想像自己仍然存在於世界上，並且將意識注入在這個原本不該有意識存在的思想實驗中？難道我們不是犯了這樣的錯誤：我們看著一具死屍，並且想像它仍是那個實際上已不存在的活人？

會讓你想破同一片頭蓋骨的問題：

朱立安·巴吉尼
JULIAN BAGGINI

---87---

給我公平,其餘免談!

約翰和瑪格麗特為三個子女購買聖誕禮物:馬修,十四歲;馬克,十二歲;路克,十歲。這對疼愛子女的父母總是盡量公平地對待三個孩子,今年他們打算送每個孩子價值一百英鎊的禮物。

起初,他們的採購相當順利,因為他們很快就找到想買的東西:價值一百英鎊的掌上型電玩。當他們拿了三台電玩準備結帳時,約翰發現一個特價活動:購買兩台價值一百五十英鎊的新型掌上型電玩,將能免費得到一台原機型掌上型電玩。約翰與瑪格麗特可以花相同的價錢買到更好的商品。

「我們不能這麼做。」瑪格麗特說:「這不公平,因為會有一個孩子拿到比另外兩個孩子更差的禮物。」

「但是瑪格麗特,」約翰說。想到能跟兒子借電玩來玩,他不禁興奮起來:「這怎麼會不公平?他們並不會拿到比原先更差的禮物,其中兩個孩子甚至拿到更好的。如果不買這些特價品,兩個孩子會拿到比特價品還差的禮物。」

「我希望他們的禮物一模一樣。」瑪格麗特回答。

「就算拿到較差的禮物也沒關係嗎?」

資料來源:*A Theory of Justice* by John Rawls (Harvard University Press, 1971)

許多人認為平等是可欲的，但是現在幾乎很少有人認為可以不計代價地追求平等，這是因為齊頭式平等往往會造成過度扭曲。我們可以輕易讓每個人平等，只要讓每個人都跟社會上最窮的人一樣就行了；然而，這明顯相當愚蠢，因為這麼做並不能改善任何人的生活：最窮的人還是跟過去一樣窮，其他人則是受害。

雖然我們同意齊頭式平等並不可行，卻不表示應該毫不保留地接受所有的不平等。我們應該要問，什麼樣的狀況下，不平等是可接受的。約翰向瑪格麗特說明為何應該以不同的方式對待子女，他的說法是一種答案：只要沒有人因此受害，有人卻因此得利，不平等就是可接受的。

這非常類似政治哲學家羅爾斯所說的「差異原則」。本質上，差異原則是說，唯有不平等有利於最貧窮者時，才能允許不平等；然而，我們並不確定這個原則是否適用在馬修、馬克與路克身上。按照原先的選購禮品計畫，這三個孩子構成一個無階級的微型社會，這個社會中每個人的貧富都一樣。購買新型掌上型電玩的計畫，的確能讓其中兩個孩子變得富有，但是剩下那個孩子的貧窮狀況卻無法獲得改善。因此，我們能說這項計畫整體上是有利的嗎？

當然，差異原則運用在政治與家庭層面上，會產生重大的差異。就整個社會來說，約翰的論證在直覺上能說服人；但是在家庭中，我們有理由將平等放在更優先的位置上，因為在小團體中，人們更容易感受到不平等，並因而造成緊張。

同樣的思考可以延伸到政治領域。反對不平等的一個理由是，不平等對於社會凝聚力與窮人的自尊有不良的影響。如社會

心理學家指出的，即使在物質上人們並未因鄰居變得富有而變得
更窮——即鄰居的富有並不是以剝奪你的財產為代價——但是在
心理上，人們卻因逐漸察覺自己和鄰居的財富出現差距而受到傷
害。因此，只從物質角度考量平等與不平等是個可怕的錯誤，無
論是在政治領域還是家庭領域。

會讓你想破同一片頭蓋骨的問題：

———— 88 ————
我是誰？

　　柯南剛剛發現一件令他不悅的事：他不是柯南。或者說，他過去不是。這實在令人錯亂。

　　柯南試圖將自己不尋常的生平說個清楚。柯南出生時名叫伍德，據說伍德是個令人厭惡的傢伙：自我中心、自私自利、殘忍無情。兩年前，伍德被國家調查局盯上，當時他只有兩個選擇：一個是在戒備最森嚴的安全監獄中度過餘生，但是在那裡一定會被其他犯人凌虐；另一個則是消除他的記憶，代之以國家調查局虛構的幽靈人口。伍德選擇了後者，於是接受了全身麻醉，醒來後已經完全忘記之前發生的一切。相反地，他記得的是完全虛構的過去，也就是柯南的過去；此時，他認為自己就是柯南。

　　柯南發現這一連串事實，卻還是不知道自己是誰：伍德還是柯南？

資料來源：*Total Recall*, directed by Paul Verhoeven (1990); 'We Can Remember It For You Wholesale' by Philip K. Dick, in *The Collected Short Stories of Philip K. Dick*, Vol.2 (Carol Publishing Corporation, 1990)

　　柯南／伍德的認同危機實在糟得無以復加；他要不是某個自

己不認識卻惹人厭惡的傢伙，就是安全機構虛構的創造物。柯南
／伍德希望這兩個都不是真的。

　　許多人初始的直覺都認為，柯南「實際上」就是伍德，這一
點可以理解。我們的認同感通常來自大腦與身體，既然這個有機
體生命從一出生就叫伍德，而且他的生命並未中斷，也沒人襲用
他的姓名行走江湖；這樣看起來，柯南應該就是伍德。畢竟，如
果他不是伍德，伍德會在哪裡？就算死也要見屍，問題是：並沒
有人被殺。

　　這個論點更因下列事實得到加強：柯南是安全機構與神經學
家創造出來的人，無論他記得多少童年往事，這些事其實從未發
生。柯南是假的，伍德才是真的。因此，除了心靈遭到改變，完
全無法辨識，我們還需要懷疑柯南是伍德嗎？

　　在柯南／伍德的心裡，答案一直很肯定。不管我們的邏輯推
論多麼具有說服力，他都覺得自己是柯南而非伍德。他完全不想
恢復過去的自我，事實上，也許他相當恐懼自己再度變回那個不
道德的傢伙。

　　在我們說他完全否定事實之前，想想他曾經以柯南的身分生
活了兩年，因此他的過去並非完全出於虛構。我們也該想想人們
罹患失憶症的狀況：如果你在兩年前腦部受到撞擊而失去所有記
憶，這樣的經驗當然會改變你，但是你不會完全變成另一個人。

　　因此，我們不難理解柯南／伍德為何會被視為伍德，因為柯
南實際上只存在了兩年，之前的記憶都是假的。柯南是人為的創
造物，但是，這個事實不能否定他曾經身為真實人類實際活了兩
年的事實。

　　如果兩種身分都是真實的，如何決定哪一種身分較具說服力？提出的問題不同將會得到不同的答案。伍德的朋友是否從他身上辨識出伍德這個人？柯南的妻子認為自己嫁的人是誰？伍德的債務人能主張什麼？柯南／伍德認為自己是誰？除了詢問事實，或許更該找出什麼問題最重要，而這個問題的解答就是我們應該接受的答案。

會讓你想破同一片頭蓋骨的問題：

朱立安・巴吉尼
JULIAN BAGGINI

—— 89 ——
生死一念間

葛雷格只有一分鐘的時間做出痛苦的選擇。一列行駛中的火車正朝他所在的交叉點疾馳而來，火車越過交叉點後行駛的鐵道上，在距離很遠超過葛雷格能夠抵達的地方，有四十名工人正在隧道內工作。如果火車朝工人的方向駛去，將會造成慘重的傷亡。

葛雷格無法讓火車停下來，但是他可以扳動轉轍器讓火車駛向另一條鐵道。這條鐵道上也有一個隧道，只有五名工人在裡面工作，死亡人數勢必會少得多。

然而，如果葛雷格扳動轉轍器，就等於故意殺死這五名工人；如果他撒手不管，殺死四十名工人的並不是他。葛雷格應該造成少數人死亡，還是放任多數人死亡？殺人是不是比任其死亡更糟？

鐵軌發出噓噓聲，火車引擎的聲音越來越大，葛雷格只剩下幾秒鐘能做決定。要殺人還是任其死亡？

資料來源：'The Problem of Abortion and the Doctrine of Double Effect' by Philippa Foot, republished in *Virtues and Vices* (Oxford University Press, 2002)

葛雷格的兩難有時候會引起兩種強烈的直覺。對某些人來

說，葛雷格很明顯應該扳動轉轍器，這麼做幾乎可以確定減少死亡人數，而這也是任何有理性有道德的人應該做的事。

對另一些人來說，如果葛雷格扳動轉轍器，就等於以上帝的地位自居，決定他人的生死。不可否認地，我們應該試著拯救生命，但是不能以殺人來救人；若是以救人為殺人的理由，就會落入「滑坡論證」中*。

第二個推論的問題在於，不管葛雷格是否扳動轉轍器，他都決定了他人的生死。葛雷格並非選擇扮演上帝，而是他不得不扮演上帝。重點不在於葛雷格是否行動，而在於他擁有是否行動的權力；不管他最後的選擇是什麼，他都必須負起責任。

假使可以輕易阻止某事發生卻不阻止，我們的責任是否等同於故意促成某事發生？假如我知道這杯水被下了毒，而我看見你即將喝這杯水卻不阻止，任由你喝下而死，我的責任是否等同於鼓勵你喝下這杯水？若是看到有小孩穿梭在繁忙的道路上，而我剛好經過旁邊，明明可以輕易將他拉回人行道卻沒這麼做，我是否應該對小孩的死亡負部分責任？我們說葛雷格扳動轉轍器造成工人死亡，他應該負責；相反地，如果他不扳動轉轍器卻一點責任也沒有，這種說法會不會造成誤導？

假使不在殺人與任其死亡之間做出道德區別，會不會因此促成更多令人不舒服的結果發生？最明顯的是，如果我們認為可以讓醫生允許臨終病人死亡，而非讓醫生違反病人的意願繼續延長

---

* 譯注：滑坡論證是指，一個本身明顯、無可反對的行動會產生一連串事件，這
　些事件最終導致原先不想要的後果。以本文來說，救人是本身明顯、無可反對
　的行動，但是為了救人而殺人，反而造成與原先想要的結果完全相反的結局。

生命，為什麼不允許醫生幫助要求速死的病人更快速且無痛地死去？較不明顯卻仍相當醒目的是，有人認為我們應該為發展中國家民眾的死亡負責，因為我們坐視這些人因缺乏飲水、食物與醫藥而死，而這些都是無需花費鉅資就能輕易給予的物品。

　　若是主張在殺人與任其死亡之間做出區別是不合理的，而且認為其中並無差別可言，這種說法將會造成另外一連串道德兩難。

會讓你想破同一片頭蓋骨的問題：

90

橘皮？骨

　　喬治主教專心注視著眼前這盆柳橙，臉上一副若有所思的表情。

　　主教開始明確區分柳橙的各項特徵，他將柳橙的表象與真正的性質區分開來。舉例來說，顏色只是表象：我們知道，色盲或擁有不同生理構造的動物看到的柳橙，與正常人類看到的「柳橙」不一樣。味道與香氣只是表象，不同的人或動物會產生不同的味覺與嗅覺，而水果本身則維持不變。

　　然而，當主教開始剝去水果的「表象」時，他發現他能找到的不變之物似乎所剩無幾。當辨識水果特徵必須仰賴主教自己的視覺與觸覺時，他能不能確定那就是水果真實的大小與形狀？為了真實地想像水果本身，排除感官知覺的表象，主教最後只剩下某種模糊的觀念——他只知道什麼不是水果。那麼，到底什麼才是真正的水果：是如游絲般的「某物」，還是表象的集合？

資料來源：*The Principles of Human Knowledge* by George Berkeley
　　(1710)

　　我們很少思考表象與實在的區分。在幼童時期，我們都是「天真的實在論者」，認為世界就跟外表看起來一樣。隨著我們成

長，我們學習區分事物如何呈現於感官，以及事物實際上是什麼。有些區分——例如真正微小的事物與遠方的事物之間的區別——非常明顯，因此少有人留意。我們知道其他區分——如事物的味道或顏色隨著知覺者的不同而變——但是，在日常生活中傾向於忽視或遺忘。

隨著我們對世界產生基本的科學理解，我們也逐漸從物體的基本原子結構，以及物體呈現在我們面前的方式，看出實在與表象的差異。我們隱約察覺原子結構本身可以從次原子結構來解釋，但是沒有窮究當前最先進科學的必要，只要知道事物的表象是感官與事物本質彼此互動產生的結果。

這些認知與成熟的常識相差無幾，但是常識卻經常掩蓋了重要細節。我們從表象中區別出實在，卻不清楚這個「實在」是什麼東西。搞不懂沒關係，也許你這麼認為。思想分工意味著將這項工作交給科學家傷腦筋。

儘管如此，科學家還是跟我們一樣，處於相同的表象世界中，他們研究的是呈現於我們五官的東西。科學家擁有工具，能檢視肉眼看不見的事物，但事實上，這只是個轉移注意力的幌子。使用望遠鏡或顯微鏡時，我看到的表象世界一如肉眼所見；科學家的觀察並未超越表象世界，他們只是比一般人更仔細觀察它。

這是個哲學問題，而非科學問題。我們似乎能理解表象世界與實在世界的不同，但是要穿透表象看到「真實」世界似乎不太可能。當我們理解月球距離我們很遙遠而非渺小、或者插入水中的棍子並未彎曲時，我們並未超越表象，只是理解有些表象比另

一些表象更會騙人。

這給我們留下了兩難。我們是否該繼續致力於超越表象世界，並且承認對這個世界一無所知，甚至承認我們無法想像自己該如何認知世界？或者，乾脆放棄超越表象的念頭，並且接受我們生活與認知的唯一世界就是表象世界？

會讓你想破同一片頭蓋骨的問題：

28 有夢最慘，惡夢相隨！
51 活在桶子裡
81 地球上的電影有味道嗎？
98 希望，快樂，做夢吧！

—— 91 ——
春宵一刻值票價？

　　史嘉莉無法相信自己如此走運。自從懂事以來，戴普一直是她迷戀的偶像。現在史嘉莉偶然在巴哈馬發現戴普隱密的度假別墅，令她又驚又喜，這可是連狗仔隊都不知道的祕密。

　　此外，戴普看到海灘上落單的史嘉莉，就請她喝一杯。交談之下，史嘉莉發現戴普就像她想像的那樣充滿魅力。之後，戴普向史嘉莉坦承這幾個星期一直過著寂寞單調的日子。由於生活方式特殊，戴普不得不保持低調，他非常希望史嘉莉當晚能留下來陪他。

　　問題是史嘉莉已經結婚，而且深愛著丈夫。不過，人不會被不知道的事情傷害；只要別讓丈夫知道，史嘉莉可以擁有瘋狂的夜晚，而戴普也能獲得些許的安慰。一切都不會有什麼改變，頂多增添了一些經驗，不會有人因此受害。有利而無害，史嘉莉有什麼理由拒絕戴普誘惑的眼神呢？

　　如果對方信任你，而你背叛了對方，你會有什麼損失？在誘惑之下，史嘉莉覺得有時不會有任何損失。丈夫若是不知道她出軌，對她的信任將維持不變。史嘉莉的理由是，既然「沒有人受害」，為什麼不做？

　　這聽起來或許冷酷又充滿算計，但是這種思考方式相當普

遍。只要確定沒有人因此受害，我們通常會認為不對的事看起來可以接受。例如，從沒搶過銀行的人很高興地取走故障提款機吐出的巨額鈔票。他們的理由是，反正銀行不缺這些錢，而且沒有人因此受害。

難道這是決定行為道德準則的最佳方式：將幸福與不幸加總起來，只要能增加幸福並減少不幸，無論是什麼行為都可以做？這種倫理體系有著簡單扼要的優點，但是似乎掩蓋了道德生活中較細膩的一面。

想想信任的本質。許多人說，互信是構成人與人緊密關係最重要的元素；信任關係一旦遭到破壞，通常會立即感受到。如果我們相信某人會明智地使用我們的金錢，一旦他們開始揮霍無度，我們很快就會知道。這是信任，但不是最深層的那種信任，因為我們並非只靠信任來確保我們的意願受到尊重：如果有人拂逆我們的想法，我們會知道。

相較之下，最深層的信任是願意相信別人，即便無法判別他們是否真會信守承諾。這是一種完全卸下心防的信任，若要達到彼此忠實，這種深層信任是必需的，因為我們知道不貞行為通常祕而不宣，甚至永遠不會有人知道。

史嘉莉若與戴普共度春宵，將會完全破壞她與丈夫之間的深層信任，而丈夫的渾然不知更將凸顯她的不貞；在這種情況下，史嘉莉會更加希望自己得到丈夫的信任。

「沒有人受害」，但是信任已遭到破壞，儘管信任並非血肉之軀。因此，史嘉莉怎麼可能沒造成傷害，難道她沒有粉碎自己最珍視的關係中最重要的部分？

朱立安・巴吉尼
JULIAN BAGGINI

會讓你想破同一片頭蓋骨的問題：

—— 92 ——
電腦治國

　　很難想像，在過去那段惡劣的日子裡，擔任部長的人對經濟學一無所知，卻受到委任對相關事務如政府支出與稅收進行決策。當設定利率的權力轉移到中央銀行之後，情況總算有點改善，但是真正的突破還是要等到電腦比人類更有效率管理經濟之時。超級電腦葛林斯班二世就是個例子，它管理美國經濟已有二十年。這段期間，經濟成長持續且高於長期平均，物價不曾出現泡沫或崩跌，失業率也維持低檔。

　　如果沒有意外，在角逐白宮的大選中，根據民意調查（由電腦進行且極為精確）選出的領導人將會是一部電腦，或者至少是某個承諾將所有決策交給電腦處理的人。邊沁——當選總統的電腦名稱——將會制定各種有利於全國人民幸福的政策。邊沁的支持者宣稱，邊沁能有效移除政治中的人為因素。由於電腦沒有性格瑕疵或既得利益，邊沁將比它取代的政治人物優越許多。至此，相信不管是民主黨或共和黨，一定無法提出有說服力的反對論點。

　　讓電腦管理我們的生活，這種想法仍然讓我們有點毛骨悚然；然而，在此同時，我們在實務上又隨時信賴電腦。我們的金融幾乎完全由電腦管理，許多人相信自動提款機比銀行行員更能精確登載每一筆交易。電腦也負責管理輕軌系統。搭飛機時，或

許你未曾察覺駕駛員在長途飛行中根本不必做什麼事。事實上，電腦還可以輕鬆處理飛機起降，只是乘客無法接受由電腦負責此事。

因此，由電腦管理經濟並非異想天開，畢竟大多數經濟學家已經相當仰賴電腦模式與預測。利用機器產生的資訊處理事物，以及讓機器為我們處理事物，中間的差異只有一步之遙。

電腦能完全取代政治人物嗎？這項提議比邊沁參加總統大選更激進。如果電腦能計算政策對全民幸福的影響，為什麼電腦不能做最能討好全民的事？

完全取代政治人物並不是那麼容易，我們必須在電腦上設定目標，而要讓政治目標盡可能滿足多數人是相當困難的事。舉例來說，我們必須決定準備容忍多大程度的不平等。一個政策也許能讓多數人快樂，卻有可能讓百分之五的人處於悲慘的狀況下。也許我們較傾向稍微不那麼快樂的社會，這樣至少不會有人必須過著悲慘的生活。

電腦無法決定哪一種結果較好，只有我們做得到；除此之外，我們希望得到的結果很可能會因環境而異。舉例來說，社會越富足，越無法忍受有人缺乏最基本的生活所需；此外，我們越富有，就越會覺得自己有義務幫助其他較窮困的國家。

即便電腦瞭解我們的願望，也無法結束這場爭論。民主社會應該只是順從多數人的意志，還是也該考慮少數人的意見？若是後者，該怎麼做？

電腦比人類更能管理經濟甚至於公共事務，這一天很可能會來臨，也許比我們想像的還快。不過，我們還是很難想像，電腦

如何決定什麼對我們最有利，並且讓所有的政治人物捲鋪蓋走人。

會讓你想破同一片頭蓋骨的問題：

93

行尸走肉

　　露西雅住在燈火通明的小鎮，但是家家戶戶都無人居住。露西雅的鄰居其實是一群喪屍。

　　實際狀況並不像聽起來那麼嚇人。這些喪屍不同於恐怖片中吃人肉的惡鬼，他們的長相舉止就跟你我一樣，連生理結構也跟你我相同。唯一的關鍵差異：他們沒有心靈。你刺他們，他們會喊叫並閃躲，但不會覺得痛。你煩他們，他們會大吼或憤怒，但不會感到煩亂。你為他們演奏舒緩心情的音樂，他們看似能聆聽欣賞，其實根本充耳不聞。他們的外表跟一般人類一樣，內心卻完全空洞。

　　缺乏心靈反而讓喪屍容易相處。露西雅很容易忘記喪屍不像她擁有內在生命，因為他們說話舉止都跟一般人一樣，也會說說自己的感受與想法。造訪當地的外地人也沒注意到有什麼奇怪之處，當露西雅告訴他們真相時，這些外地人都不相信。

　　「妳怎麼知道他們沒有心靈？」他們問道。「你怎麼知道其他人有？」露西雅反問他們。對方往往語塞。

　　「你怎麼知道？」通常是個好的問題，卻也是難以做出結論的問題。我們很少——也許從來沒有——對一件事不帶任何懷疑。我們最多只能希望，對於自己相信的事情能自圓其說，最少

也要說服反對的人，這就是我們不覺得有必要擔心自己有沒有可能跟一群喪屍為伍的原因。就算有這個可能，只要有更充分的理由相信沒這個可能，我們就能氣定神閒，無需為不大可能的可能而操心。

認為其他人不會是喪屍，主要是基於經濟上的考量。如果喪屍走路像我們、說話像我們，而且跟我們一樣擁有大腦與身體，他們在一些重要面向上很可能就會跟我們一樣，包括內心對事物的感受。我身上的神經系統能讓我產生意識，在喪屍身上就不會，這豈不是有些奇怪。

然而，這正是喪屍可能性的有趣之處。為什麼我們會認為人類與喪屍的身體類似就表示心靈類似？意識問題是指，我們無法說明身體器官如大腦為何會產生主觀經驗？腦中的Ｃ神經纖維放射時為何會產生感覺？痛覺會引起什麼樣的大腦事件？

如果這些問題意義重大，卻沒有令人滿意的解答，接續這些問題之後，我們可以想像某些大腦事件──如Ｃ神經纖維放射之後並未產生任何感覺──而不會產生邏輯矛盾的錯誤。換句話說，有關喪屍的說法──喪屍的身體各方面都跟我們一樣，但是他們沒有內在生命──是連貫的，因此喪屍的確有存在的可能性，縱然可能性極低。

在恐怖片中，要殺光喪屍並不容易。為了讓喪屍存在的可能性大打折扣，你必須說明，擁有與我們相同生理結構的生物，為何必定擁有與我們相同的基本心理；為何Ｃ神經纖維放射時必定會產生類似痛覺的感覺，而非看見黃色的視覺或完全沒有感覺。這是個挑戰，到目前為止，沒有任何人的說明能讓哲學家普遍感

到滿意；除非有人做到這一點，否則我們無法確定喪屍不會出現
在地球上。

會讓你想破同一片頭蓋骨的問題：

——— 94 ———
「稅」你千遍也不厭倦

以下是財政大臣索里特閣下的政令宣導時間。

國家加稅的時候到了。前任政府遺留給我們的，是枯竭的財政，以及增加額外歲收的需要，但是各位身為人民，卻不願支付這筆帳單。我們該如何籌措所需金額卻又不讓各位感到痛苦呢？

答案很簡單。焦點團體、意見調查與經濟學家都顯示，加徵百分之零點零一的稅金，對個人收入影響甚微。多付百分之零點零一的稅金，不會讓不用工作的人被逼著養家糊口，不會讓有錢人變窮，更不會讓已經為工作奔波勞累的人更勞累。

因此，我們今天只加收百分之零點零一的稅金。依照邏輯推論，這麼小額的增稅幅度，就跟某個比你少賺百分之零點零一的人與你之間的收入差距一樣微不足道。我們明天可以重複同樣的步驟，那時你的收入水準處於比你少賺百分之零點零一的人的水準上，但是你並沒有變窮多少。同理，第三天、第四天，一直到第三百天。

我們每天都加稅，這種加稅方式不會對你的生活品質造成差異，因此生活品質不會受影響。然而，不可思議的是，這些措施的淨效果是政府收入大量增加；我們不僅能用這筆錢清償國債，剩下的零頭還能發給每人一瓶飲料。希望各位能用這瓶飲料為我們的籌錢妙方乾杯。

資料來源：古代堆垛悖論（sorites paradox），作者是米利都的歐布

利德斯（Eubulides of Miletus, 4th century BCE）。

　　做出這種演說的政治人物別想在下次選舉獲勝。即使你的數學很差，算不出財政大臣實際提出的加稅方案漲幅超過百分之三，也不會笨到看不出三百次調升加總後產生的巨大落差。

　　雖然如此，財政大臣的邏輯卻難以反駁。它源自於古代的堆垛悖論。我們在悖論中被問到，從沙堆上移走一粒沙能不能讓沙堆化為烏有（或是變成小沙堆）。答案似乎是否定的，但是在悖論中，移走一粒沙是指持續不斷地將沙一粒粒移走，直到剩下最後一粒沙為止，而這最後一粒沙仍可稱為沙堆。

　　解決悖論的方式似乎存在於移沙的某個時點，此時移走一粒沙，的確會讓沙堆不再是沙堆，但是這種說法依舊荒謬。根據堆垛悖論：如果移走一粒沙能讓沙堆消失，那是荒謬的；移走一粒沙若不能讓沙堆消失，就表示一粒沙是一個沙堆，而這也是荒謬的。

　　從徵稅例子中可以提出一種解決方式。難道我們不能主張每次微量增加的確造成差異，雖然那只是微小的差異？很明顯地，若是將幾次微小差異加總起來，最後可以得到大差異。

　　然而，這種方式並未觸及問題核心。堆垛悖論主張，收入上任何微小變化都不足以造成富人之間或勉強糊口的人之間的差異。說得清楚一點，堆垛悖論是兩種觀看角度的對比：一方面，我們從宏觀的角度觀看，並且發現微小改變的累積效果；另一方

面，我們從微觀的角度觀看，並且發現每次微小改變都沒有任何效果。

面對堆垛悖論，大多數人深信這只是一種語言詭計或欺騙手段；然而，我們應該用更嚴肅的態度看待這個難題。許多人認為，要解決這個問題，必須接受概念的模糊性，如富有與貧窮、高或矮、成堆或成疊；然而，這種解決方式的問題在於，若是在語言與邏輯中加入太多模糊性，理性本身將變得不清不楚。至於另一種解決方式——微小改變的確能造成貧富之間的差異——雖然保留了邏輯與語言的精確性，卻似乎因此脫離了現實。

會讓你想破同一片頭蓋骨的問題：

16 烏龜賽跑

25 不理性，毋寧死！

42 拿了錢就跑

70 突擊檢查

95
老天，告訴我天理何在？

上帝對哲學家說：「我是天主，你的上帝，我是全愛、全能與全知。」

「當然不是！」哲學家說：「我看到這個世界，我看到恐怖的疾病、飢餓、饑荒、精神疾病，你不阻止這些事情發生。難道你沒有能力阻止嗎？這樣你就不是全能。還是你不知道有這些事發生？這樣你就不是全知。或者是你不想阻止？這樣你就不是全愛。」

「狂妄的傢伙！」上帝說：「對人類來說，我不除掉所有的邪惡反而是好事，人類需要讓自己更有道德且更具靈性。你們需要為惡與為善的自由，並且必須面對偶然發生的苦難。如果剝奪人類成長的自由，我如何讓這個世界更好？」

「這個簡單。」哲學家回答：「首先，你可以設計讓我們較不容易覺得痛。其次，你可以讓我們更具同情心，避免我們加害他人。第三，你可以讓我們成為優秀的學習者，我們就不必為成長而受苦。第四，你可以讓自然不那麼殘酷。你希望我繼續說下去嗎？」

資料來源：惡的問題不斷以各種形式出現在神學史上。

　　上帝能不能創造一個痛苦較少的世界，讓我們在當中擁有相同的機會行使自由意志並增益靈性——按照宗教的說法？想要不以自己既有的偏見回答這個問題似乎挺困難的。對無神論者來說，答案明顯是肯定的。故事中的哲學家直率地提出四個建議，這些建議似乎不是不可能做到。想想我們天性原本就具有一定的同情心，因此絕大多數人都不願傷害他人。如果同情心與自由意志是相容的，為什麼更多的同情心會對自由意志造成威脅？

　　另外想想，學習能力也是我們無法直接掌控的。事實上，總會有一些人比另一些人更擅長學習。為什麼上帝不讓每個人都成為優秀的學習者，使我們無需暴露於恐怖邪惡之中就能理解事物的對錯？諸如此類的思考引導許多人做出結論，認為上帝可以輕易創造出一個痛苦較少的世界；祂沒有這麼做，證明了祂不是不存在就是不值得崇拜。

　　然而，若是真的信仰上帝，這些論證在你眼中都是非常薄弱的。我們有什麼資格說上帝可以做得更好？如果上帝存在，祂絕對遠比我們有智慧。因此，如果祂創造了一個充滿痛苦的世界，一定有充分的理由，即使這些理由無法被我們可悲的心靈所理解。

　　做為回應，這種說法似乎無法令人滿意，因為這等於主張——若是有合理理由懷疑上帝存在——我們必須接受自己智力有限的事實；而從神的觀點來看，我們的非理性或矛盾是合理的。這表示人們摒棄了理性在宗教信仰上扮演的角色，你無法同時兼具信仰與理性。如果你認為悖逆信仰的理性論證不具力量，以理性為信仰辯護就沒有任何用處。

　　信仰者似乎不存在惡的問題，對他們來說，解決惡的問題最

合理的方式，就是相信上帝自有安排。然而，要接受這種觀點，就必須接受與理性相悖的信仰，因為理性告訴我們，上帝創造的世界並不完美。如果人們可以指控無神論者自認為知道得比上帝還多，就可以指控信仰者自認為知道得比理性還多。哪一種指控比較嚴重？

會讓你想破同一片頭蓋骨的問題：

—— 96 ——
別人的老公死不完？

　　莎莉的船是少數在這片海域上定期航行的船隻，基於這一點，她總是仔細收聽是否有人發出求救訊號。所以，當莎莉聽說一場爆炸造成十二人落海而且沒有救生艇時，就立即航向意外現場。

　　但是，隨後莎莉又收到訊號。她丈夫的漁船正沉入海中，而且需要幫助。問題是，如果莎莉要救丈夫，就必須前往距離十二名溺水者更遠的水域。隨著天氣轉壞，再加上沒有其他船隻回應求救信號，莎莉心裡清楚，只要排在救援的第二順位，就有可能等不到她搭救而一命嗚呼。

　　莎莉沒有太多時間考慮。一方面，不救丈夫似乎背叛了彼此的愛情與信任；另一方面，莎莉的丈夫是明理的人，應該能理解拯救十二個人和拯救一個人孰輕孰重。莎莉知道自己想要先航向何處，但那並不是她應該航向的地點。

　　許多倫理學家都認為，道德要求平等尊重每一個人。邊沁說：「每個人都算一個，沒有人多於一個。」然而，這似乎明顯和我們的直覺相衝突，我們通常認為自己對家庭與好友負有特殊責任。舉例來說，父母理所當然應該將自己子女的福利置於他人子女之上。

　　不過，這話說得似乎有點太快。父母的確對自己的子女負有特殊責任，這意味著父母必須確保子女的飲食，他們沒有義務注意他人子女的營養攝取；然而，這是否等同於父母應該將自己子女的福利置於他人子女「之上」？

　　我們可以舉明星學校的名額為例來思考這個問題。假設有兩個學生爭取一個名額，雙方家長都有責任說明為何這個名額應該由他們的子女取得；不過，為了讓程序公平，每件個案都應該基於雙方子女的成績與福利公平考慮。若是有父母企圖妨礙這些基本的公平原則，他們的行為就是錯的；這樣的父母逾越了父母對子女可接受與值得稱讚的關注，缺乏對他人子女福利的尊重。

　　這種基本原則似乎在於，我們可以將精力與注意力集中在家庭與朋友身上，而非陌生人身上，只要不違反公平原則。

　　然而，這個原則在實務上並不是非常管用。為自己子女購買昂貴玩具而讓他人子女活活餓死是否公平？口才便給、學識淵博的父母可以取得最好的公職，其他窮困的父母找不到好工作，這是否公平？協助子女做家庭作業，使他們表現得比其他父母不願或不能協助的孩子更好，這又是否公平？

　　其中某些問題比其他問題更困難，然而，除非你認為只要考慮自己和家庭，否則每個人都會在某個階段遭遇這種兩難。莎莉的兩難尤其急迫，因為生命正陷入立即的危難。此時，莎莉必須提出的相同問題浮現在我們心中：我有沒有理由將與我關係密切的人的福利置於他人之上？

會讓你想破同一片頭蓋骨的問題：

97

算你衰小，嘸嘜安怎？

梅特注視著已經分居的丈夫的雙眼，但是，從他的眼神中卻找不到絲毫悔恨。

「你說你要我們回去，」梅特對她的丈夫說：「但是我們怎麼可能就這樣回去。你甚至還沒有為當初拋棄我跟孩子的事情道歉？」

「因為我打從心裡不覺得自己做錯，而且我也不想對妳說謊。」保羅解釋：「我離開是為了追隨我的繆思女神，我是為了藝術這麼做的。難道妳忘了我們曾經談過高更，以及他做過的跟我一樣的事？妳總是說，高更做了一件困難的事，但不是錯誤的事。」

「但你不是高更，」梅特嘆氣說：「這就是你會回來的原因。你承認你已經失敗了。」

「高更離開妻子時，知道自己會成功嗎？沒有人會知道。如果他是對的，我也一樣。」

「不，」梅特說：「高更贏了賭局，所以他是對的。你輸了，所以你是錯的。」

「他的『賭局』？」保羅回答：「你是說運氣可以決定對錯？」

梅特想了一會兒：「是的，我想我是這麼說的。」

資料來源：The eponymous essay from *Moral Luck* by Bernard Williams (Cambridge University Press, 1981)

運氣可以決定成功與失敗、幸福與不幸、富裕與貧窮,但是它能決定品德的高尚與低劣嗎?我們是否品行良好、行為端正,取決於我們是誰和我們做了什麼,而非取決於我們無法控制之事。

　　常識的看法是如此。然而,即使運氣不是決定道德的主要因素,難道就能確定運氣在倫理上從未扮演任何角色?

　　最根本的就是所謂的「建構運氣」。我們生來就帶有某些特徵與性格,而這些特徵與性格又透過撫養過程得到發展,但是這些都不是自己的選擇。到了可以自己決定的年紀時,我們在傾向上不是較同輩偏向於善,就是偏向於惡。這個年紀的人若是容易動怒,行為偏差的可能性顯然較高,這完全是抽中基因與養育厄運彩券的結果。

　　即使撇開建構運氣不談,我們仍然相當熟悉這句話:「要不是上帝恩寵,站在刑場的就是我。」我們會不會犯下更大的惡行,其中一部分取決於運氣——假如我們已經設法讓自己不要墮入黑暗面占優勢的環境。

　　在保羅與梅特的例子中,運氣的成分更是明顯。梅特的論證指出,兩個人的行為完全一樣,不確定結果如何,只知道以結果的好壞判定行為的對錯。拋棄家庭的高更成為偉大的藝術家,表示他做了道德上正確的選擇;做了相同選擇的保羅卻失敗了,因此他被譴責做了壞事。

　　這個例子若是太古怪,那就想想自己偶爾有多粗心。如果粗心造成嚴重傷害,造成傷害的人在道德上應受譴責;若是缺乏注

意卻碰巧沒有造成不好的結果,幾乎不會有人因此責怪我們。真的有道德運氣嗎?是否更應該譴責那些判斷錯誤卻慶幸沒有造成不好影響的人?是否應該說,高更是錯的,即使我們認為──考慮了各種因素之後──做自己想做的事總比待在家裡還好?

會讓你想破同一片頭蓋骨的問題:

—— 98 ——
希望，快樂，做夢吧！

羅伯特已經在同意書前坐了兩個鐘頭，但他還是不知道該簽字還是撕掉文件。他必須在兩種未來之間做選擇。

第一種未來，他的前景黯淡，而且任何夢想幾乎都不可能實現。第二種未來，他可以成為知名搖滾歌星，並且保證一輩子幸福快樂。如何選擇應該很清楚，也許你會這麼想；然而，第一種人生是在真實世界，第二種人生卻完全來自經驗機器。

這種裝置能讓你在虛擬實境中完整經歷人生，當中的經驗全部經過設計，為的是讓你更開心更滿足。不過，重要的是，一旦進入這部機器，你將不曉得自己並非處於真實世界，也不曉得發生在自己身上的事都是為了滿足你的需求而安排的。看來，你就像在普通世界中過著普通生活：只是在這個世界中，你是贏家，所經歷的一切都會非常順遂。

羅伯特知道，一旦進入機器中，生命將變得十分美好；然而，虛假讓羅伯特感到遲疑，他不知道該不該簽下這份能帶他走進天堂的文件。

資料來源：Chapter 3 of *Anarchy, State, and Utopia* by Robert Nozick (Basic Books, 1974)

我們很容易看出羅伯特為何猶豫不決。機器製造的人生是假的、冒牌的與不真實的，但是為何屬於自己的「真實」人生——不斷經歷冷酷的榮枯循環——會比虛假的幸福人生更具吸引力？

幸福機器的推銷員會提出一套強有力的論證來說服你。首先，想想「本尊」與「真實」的意義。「本尊」是指本人而非假冒者，但是羅伯特在機器中仍是羅伯特。他可以在機器中輕易顯露自己的真實人格，就跟在外面的世界一樣。

其次，你也許會說，在真實世界中，人們是依靠實力成為搖滾歌星，但是在機器中卻不是依靠自己的努力得到獎賞。針對這一點，推銷員反問：你知道大多數搖滾歌星怎麼來的嗎？跟天分沒什麼關係，運氣和機會才是全部。羅伯特在機器中的名聲，並不會比無數想成為明星而沉迷於熱門音樂的人更不踏實；事實上，這正是經驗機器的可取之處。成功的人生多半要靠運氣：是否出生在正確的地點、正確的時間與正確的父母懷裡？是否擁有社會珍視與看重的能力？是否能接觸到可以助你出頭的人事物？寧可讓自己受命運女神的擺布，也不願選擇幸福，只有瘋子才會如此。

至於進入機器就等於放棄真實世界，針對這種看法，推銷員會說：醒醒吧！你目前生活的世界只是經驗的總和——看到的、聽到的、感覺到的、嚐到的、觸摸到的與聞到的。如果你認為真實世界之所以真實，是因為它是由次原子過程產生的，而非來自於矽晶片，或許你該重新思考自己對實在的觀念了。畢竟，就算是「超越」經驗的科學世界概念，最終也必須奠基在觀察與實驗上，而觀察與實驗完全位於經驗世界「之內」。因此，就某種意

義而言，實在就是表象。

然而，我們還是不想進入機器，我們堅定認為自己的未來應該是意志和努力的產物。假使堅持不進入機器，至少有一件事是真實的：當我們思考什麼最能符合我們的利益時，在意的絕對不只是幸福；若不是這樣，我們早就走入機器了。

會讓你想破同一片頭蓋骨的問題：

朱立安・巴吉尼
JULIAN BAGGINI

—— 99 ——
給和平一個機會

　　希特勒祕密派出特使。如果英國打算公開此事，柏林當局將
否認這項任務，並且宣布這名特使是賣國賊；不過，事情應該不
至於演變到這種地步，因為邱吉爾沒有理由拒絕希特勒的提案。

　　希特勒瞭解邱吉爾想要避免無謂的傷亡，兩國領袖深知彼此
的衝突將造成數以萬計的人命損失；然而，戰爭是可以避免的。
希特勒向邱吉爾保證，一旦最終解決方案完成，德軍將不再發動
任何攻勢，只會殺害占領區內的反對份子。只要英國放棄解放法
國與推翻納粹政權，就可以大量減少人員傷亡。

　　希特勒深信這項提案一定會引起邱吉爾的興趣，畢竟英國是
功利主義發源地，有誰會選擇造成較多人命損失的方案呢？

　　雖然德國在第二次世界大戰期間並未派遣這項任務，但是希
特勒的確認為，從各方面來看，英國將會接受和平提案，並且允
許他保留侵略所得的領土。其中一個理由也許是考慮到戰爭將造
成大量人命損失，從實用與道德層面來看，和平似乎是最佳選擇。

　　許多人——尤其是那些親屬死於集中營的人——一想到這樣
的和平協定就感到戰慄，這等於是以猶太人大屠殺當中無辜受害
者的生命來換取和平。

　　假如你贊同這個回應，那就仔細思考你要如何判斷其他戰爭

的道德性，其中大部分爭論都圍繞在軍事介入——無論行動或不行動，都免不了人員傷亡——的倫理問題上。舉例來說，反戰人士指出，在二〇〇三年三月入侵伊拉克之後一年內，估計有十萬平民被殺；然而，一般咸信海珊主政期間殺害了六十萬平民。同樣地，也有人認為聯合國的制裁行動——而非海珊政權——是造成五十萬伊拉克兒童死亡的元凶。因此，無論是合理化還是譴責戰爭，人命的損失都是不變的。

這似乎表示，如果戰爭殺死的人比拯救的還多，戰爭就是不道德的；然而，若是按照這種邏輯，我們很容易想像這樣的場景：例如希特勒提出的祕密提案，對同盟國來說，較好的做法居然是將歐洲拱手讓給法西斯主義。

許多人之所以不能接受這項提案，在於集中營是邪惡的象徵，我們必須加以回應。為了終止種族滅絕而損失的人命，或許會超過拯救的人命，但是袖手旁觀讓邪惡為所欲為，更是令人無法忍受。人性比個人的生命更珍貴。

即便不考慮猶太人大屠殺，我們還是有理由選擇流血解放而非不流血容忍。人類之所以選擇為了理想干冒生命危險，就在於有些價值比生命更重要。有句話說，寧為自由鬼，不為奴隸身，這就是第一次波灣戰爭期間、許多伊拉克人就算炸彈落在身旁卻仍歡欣鼓舞的原因。戰爭的道德是個棘手的議題，無法透過簡單的人命加總來解決。

會讓你想破同一片頭蓋骨的問題：
　17　拷打，還是不拷打？

—— 100 ——
便宜也有好咖啡

　　艾瑞克是鳥巢咖啡館的常客，這家咖啡館的餐點和飲料並不特別，但是價錢非常便宜。

　　有一天，艾瑞克問經理是怎麼壓低價格的。經理靠到艾瑞克耳邊，以一種充滿陰謀的語氣低聲說：「這還不容易。你注意看，我的員工都是非洲人。他們需要生存，卻找不到固定的工作。所以，我讓他們睡在地下室，供他們吃，一週給他們五英鎊。這種狀況非常理想，他們一週工作六天，而且全天候工作。我的人事成本很低，所以可以壓低價錢，還能得到豐厚的利潤。」

　　「不要這麼驚訝，」經理一邊看著艾瑞克的反應一邊說：「每個人都很滿意。他們選擇在這裡工作，是因為他們可以繼續生活，我則是負責賺錢，而你得到便宜的餐飲。咖啡要加滿嗎？」

　　艾瑞克接受經理的說法，但這也許是他最後一次來這裡消費了。儘管經理說得合乎情理，但是身為消費者，艾瑞克覺得自己成了剝削勞工的共犯。然而，艾瑞克啜飲美式咖啡時，不禁懷疑這些員工會不會感謝他的杯葛。有一份工作與容身之地總比一無所有還好吧！

　　不必成為好戰的反資本主義人士也能瞭解，凡是生活在已開發國家的人，實際上都處於和艾瑞克相同的處境。我們進口較便

宜的商品，因為製造這些商品的工人薪資都非常微薄；若是知道
這一點還繼續購買，就成了剝削工人的幫兇。

不要被表面上的差異愚弄了。在故事中，艾瑞克比我們都要
接近這些廉價勞工，但是距離遠近與倫理意義無關，你不會因為
和被剝削者相距數英里就停止剝削。同理，咖啡館存在著非法勞
工，也不會成為你關心的議題。想像一下，居然有國家允許這種
僱用勞工的方式繼續存在。

也許你會說，薪資是否公平取決於各地的標準不同，因此英
國的「奴隸薪資」擺在坦尚尼亞會成為高薪。這句話雖然不假，
卻不能解決爭論，因為真正的重點在於，鳥巢咖啡館利用工人有
求於它，盡可能壓低薪資。不正義主要不是表現在比較薪資上，
而是表現在雇主對工人福利的漠視上。同理，在發展中國家種植
咖啡豆的工人，生活或許不會比他們的同胞差，但這不表示他們
的西方雇主可以無視他們辛苦工作卻只能獲得微薄薪資的事實，
尤其是明明有能力付給他們更高的薪資時。

「有總比沒有好」的辯詞並不能說明什麼，另一種可能並非
一無所有，而是更高的薪資或更好的勞動條件。杯葛或許會讓被
剝削的勞工失業，但是反過來，鳥巢咖啡館的低價競爭也會使其
他咖啡館領取正常薪資的勞工失業。

因此，從各個道德相關的面向來看，我們的確處於和艾瑞克
相同的處境。艾瑞克繼續到鳥巢去消費若是錯的，向苛待供應鏈
末端工人的企業購買商品同樣也是錯的。

這是個令人苦惱的結論，因為它幾乎讓每個人都成了剝削勞
工的共犯；正因如此，有人便以此為據，認為這個論證是錯的。

這種反應聽起來讓人生氣，卻也顯示出人們缺乏反省。歷史上有許多系統性的不正義，社會所有部門全都暗中支持這種不正義。想想南非白人在種族隔離時期的行為、奴隸制度時期的中層與上層階級，以及男性先於女性獲得平等權。每個人都可能長久處於為惡的狀態而不自知，如果艾瑞克應該重新考慮購買咖啡的地方，我們也應該重新考慮自己購買商品的來源。

會讓你想破同一片頭蓋骨的問題：

謝辭

　　第一百零一個問題：有個作者接受了其他人無償的幫助、支持與建言，卻忘了在書中謝辭感謝他們。這個作者是單純的疏忽、健忘，還是應該遭受道德譴責？

　　我想我就是這樣的作者，不過，至少我不會把所有人都忘了。編輯，就像他們的職稱——不只是名詞，也是動詞——一本書能夠出版幾乎全都仰仗他們。George Miller 扮演的就是這種角色，從構思到完成，樣樣需要他的投入。另外，Granta 出版社許多優秀的工作人員也提供不少協助：Sajidah Ahmad、Louise Campbell、Francis Hollingdale、Gail Lynch、Angela Rose、Will Salmon、Bella Shand、Colette Vella，以及 Sarah Wasley。而 Lizzy Kremer 則持續努力且費心地指導與協助。

　　為避免掛一漏萬，我決定總括地向所有在本書寫作期間幫我解決疑難雜症與提供資料的人表示感謝。要感謝的人太多，無法一一提及，這樣的說法不免有些敷衍；然而，對於一個向來粗心、無法記下所有名字的人，也只能用這種方式來表達。

　　最後，我要感謝 Jeremy Stangroom，表面上是因為這幾年來

朱立安・巴吉尼
Julian Baggini

他的聰明、洞察力與挑戰性言談給了我靈感，但真正的原因卻是，他認為謝辭通常不脫自我吹捧與逢迎，所以我的謝辭肯定會惹火他。

自願被吃的豬
100個讓人想破頭的哲學問題

The Pig That Wants To Be Eaten by Julian Baggini
Originally published in English
by Granta Publications under the title
The Pig That Wants To Be Eaten and 99 other thought experiments, copyright©2005 by Julian Baggini.
Complex Chinese translation copyright
©2006, 2012, 2019 by Rye Field Publications,
a division of Cité Publishing, Ltd.
Julian Baggini asserts the moral right to
be identified as the author of this work.
Through Chinese Connection Agency,
a division of the Yao Enterprises, LLC.
ALL RIGHTS RESERVED

自願被吃的豬：100個讓人想破頭的哲學問題／
朱立安‧巴吉尼（Julian Baggini）；黃煜文譯.
一三版.一臺北市：麥田出版：
家庭傳媒城邦分公司發行，2019.6
　面；　公分.一（不歸類；150）
譯自：The Pig That Wants To Be Eaten:
And ninety-nine other thought experiments
ISBN 978-986-344-672-9（平裝）
1.哲學 2.通俗作品
100　　　　　　　　　　108009276

封面設計　　兒日設計
印　　刷　　中原造像股份有限公司
三版一刷　　2019年6月
三版二十三刷　2024年5月

定　　價　　新台幣350元
ISBN　978-986-344-672-9
Printed in Taiwan
著作權所有‧翻印必究

作　　者　　朱立安‧巴吉尼（Julian Baggini）
譯　　者　　黃煜文
主　　編　　林怡君
責任編輯　　賴逸娟
國際版權　　吳玲緯　郭哲維
行　　銷　　艾青荷　蘇莞婷　黃俊傑
業　　務　　李再星　陳紫晴　陳美燕　馮逸華
編輯總監　　劉麗真
總 經 理　　陳逸瑛
發 行 人　　何飛鵬

出　　版

麥田出版
115台北市南港區昆陽街16號4樓
電話：(02) 2-2500-7696　傳真：(02) 2500-1951
網站：http://www.ryefield.com.tw

發　　行

英屬蓋曼群島商家庭傳媒股份有限公司城邦分公司
地址：115台北市南港區昆陽街16號8樓
網址：http://www.cite.com.tw
客服專線：(02)2500-7718; 2500-7719
24小時傳真專線：(02)2500-1990; 2500-1991
服務時間：週一至週五09:30-12:00; 13:30-17:00
劃撥帳號：19863813　戶名：書虫股份有限公司
讀者服務信箱：service@readingclub.com.tw

香港發行所

城邦（香港）出版集團有限公司
地址：香港九龍土瓜灣土瓜灣道86號順聯工業大廈6樓A室
電話：+852-2508-6231　傳真：+852-2578-9337
電郵：hkcite@biznetvigator.com

馬新發行所

城邦（馬新）出版集團【Cite(M) Sdn. Bhd. (458372U)】
地址：41, Jalan Radin Anum, Bandar Baru Sri Petaling,
57000 Kuala Lumpur, Malaysia.
電話：+603-9056-3833　傳真：+603-9057-6622
電郵：services@cite.my